Le Nôtre

L'art du jardin à la française

Richard Roudaut

Parangon

ISBN 2-84190-034-7

André Le Nôtre

André Le Nôtre naît à Paris en mars 1613. Son grand-père, Pierre, avait collaboré dès 1572 à l'entretien du jardin des Tuileries ; son père, Jean, en avait la charge de « jardinier ordinaire ».

Il commence son apprentissage vers l'âge de 12 ans, d'abord par la théorie : géométrie, arithmétique, architecture, dessin…

À 22 ans, il devient premier jardinier du duc d'Orléans, le frère de Louis XIII. Le 26 janvier 1637, le roi accorde à Le Nôtre la survivance de la charge de son père. Il loge dans sa petite maison des jardins des Tuileries et, le 16 janvier 1640, il épouse Françoise Langlois. Dans ces années-là, Le Nôtre contribue probablement aux travaux des parcs de Gagny, du Raincy, de Maisons, et certainement, en 1645, à celui de Fontainebleau.

Dès 1656, Le Nôtre exerce ses talents à Vaux-le-Vicomte, au service du surintendant Fouquet : l'œuvre qu'il va accomplir là le propulsera au sommet de la gloire. Au cours de l'année 1661, une fois le ministre anéanti, Louis XIV prend à son service les artistes dont Fouquet s'était entouré. Les premiers travaux ont lieu à Versailles et aux Tuileries dont la transformation est totale. Le Nôtre, ses parents, ses associés, obtiennent toutes les responsabilités pour ces chantiers. À cette période, d'autres chefs-d'œuvre voient le jour : Saint-Cloud et la terrasse de Saint-Germain, notamment. Et toujours Versailles… Le rythme ne cesse pas au long des années 1670. Clagny, Sceaux, Chantilly… et Londres aussi – mais par correspondance ! En 1675, il reçoit des lettres de noblesse et adopte des armoiries, garnies de choux, de limaçons, d'une bêche et d'un râteau ! En 1679, à 66 ans, Le Nôtre part pour l'Italie. Il y admire les créations locales et y laisse sans doute quelques plans. Retour en France, poursuite des travaux à Versailles, projets pour Trianon… La routine, mais une routine de prestige ! Bientôt s'y adjoindra Marly, nouveau rêve du roi. En 1681, Le Nôtre est décoré de l'ordre de Saint-Lazare. Il collabore encore à la nouvelle orangerie de Versailles ; puis son rôle s'estompe. Il est un peu fatigué et les modes changent. Il laissera cependant pour Trianon le dessin d'un bosquet très irrégulicr d'un style qu'on ne lui attribue généralement pas ! Quoique retraité, il livre encore quelques dessins : Pontchartrain, en 1695, par exemple, et aussi, de nouveau, des projets pour le roi d'Angleterre, en 1698. Derniers feux… En juillet 1700, il se rend à Marly à l'invitation de Louis XIV. Il y reconnaît l'application de ses suggestions, mais n'apprécie pas tous les détails : jusqu'au bout, son franc-parler aura été intact. Le 15 septembre de la même année, il meurt, laissant une œuvre sur laquelle, trois siècles plus tard, nous avons toujours profit à méditer.

La perspective

Page précédente :
Carlo Maratta. *André Le Nôtre,* XVIIe siècle. Château de Versailles et de Trianon.

Ci-contre :
Jacques Dubois. *Plan du petit parc de Versailles,* in : *Recueil des Plans et distributions du chasteau et jardins de Versailles,* 1732.

Page ci-contre :
Vue du Grand Canal de Sceaux depuis la terrasse des Pintades.

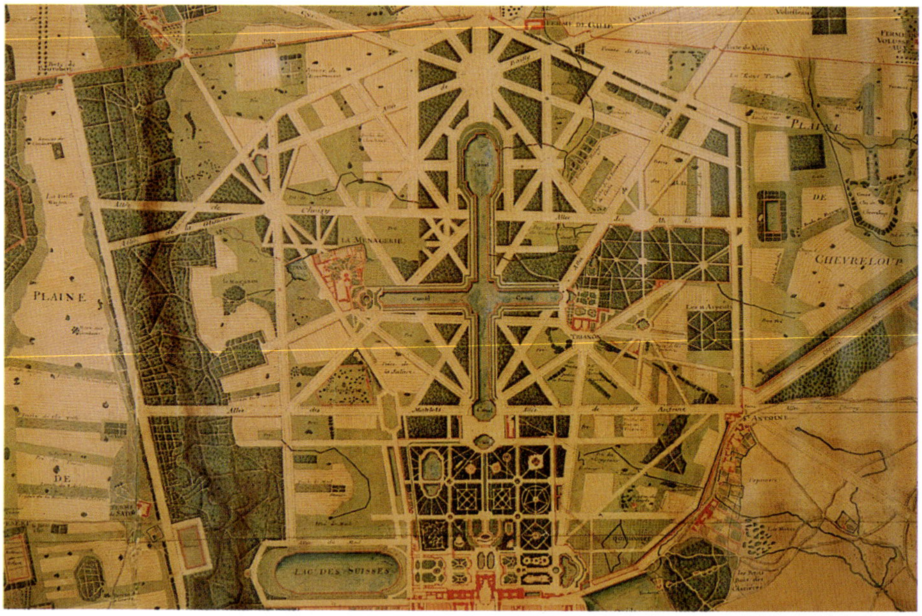

Son grand regret fut de ne pouvoir amener la Loire à Versailles !

La perspective est indubitablement liée à l'œuvre de Le Nôtre, au point que, pour un large public, elle résume son esprit et son œuvre. Imagine-t-on un « jardin à la française » sans le magnifique déploiement d'une perspective magistrale visant l'horizon ? Le Nôtre n'a pas réellement « inventé » la perspective : il l'a portée à un point de perfection jusqu'alors inconnu.
L'art de la perspective s'inscrit alors dans une nouvelle approche de l'art des jardins qui apparaît autour de 1600. Jusque-là, les tracés adoptés dépendaient des possibilités restreintes de la technique en matière de topographie. Le perfectionnement des appareils de mesure après 1550 va offrir aux jardiniers le moyen de développer des projets autrefois irréalisables, et leur apporter la précision nécessaire pour les adapter à la réalité des terrains qu'ils doivent aménager.
En 1556, Gemma Frisius publie aux Pays-Bas un traité : *De Astrolabo mathematico.* Il y recommande l'usage d'un nouvel instrument, constitué d'un cercle gradué, permettant de viser un point élevé depuis un autre point élevé, et ainsi de suite. Connaissant l'une des distances, et muni des valeurs angulaires, on pouvait aisément déterminer les autres. Cet appareil prend le nom de graphomètre en 1597 sous la plume de Philippe Danfrie. Amélioré par Pierre Vernier en 1630 et muni d'une boussole, le graphomètre est bientôt doté également d'une lunette d'approche. Danfrie avait suggéré l'usage de cet instrument pour mesurer les « distances remarquables », arpenter les

Petit Canal de Saint-Cloud
qui servait autrefois
de vivier pour le poisson.

Le Nôtre ne pouvait souffrir les vues bornées. Saint-Simon

terres et élever les plans des villes et des forteresses. Cet instrument permet aussi de « projeter » sur le terrain des tracés préalablement imaginés sur le papier. On peut donc désormais agir sur l'environnement avec certitude. L'enseignement reçu par les élites à cette époque reflète cette nouvelle préoccupation ; ainsi se forme une génération d'« aménageurs » dont Colbert et Vauban font partie. On peut s'étonner de voir citer ici ce dernier, mais l'on s'aperçoit en étudiant l'art des jardins et celui des fortifications qu'ils ont au moins un point commun : l'angle de site. Il importe que le champ visuel soit dégagé et que les axes de tir soient bien définis. Ce sont les méthodes propres à l'élaboration de la défense des forteresses qui vont servir à Le Nôtre pour réaliser ses fameux effets de niveaux – générateurs de surprises qui rompent la monotonie – et travailler tout particulièrement l'axe longitudinal de ses créations – autrement dit les perspectives. Il n'y a donc rien d'étonnant à ce que Le Nôtre, dont le beau-père était conseiller ordinaire de l'Artillerie, ait été convié par Louis XIV à assister au siège de Valenciennes !

D'autre part, les jardins du XVIIe siècle rompent avec ceux d'autrefois dans leur esprit même. Le jardin clos médiéval invite à la méditation ; le jardin classique incite à la découverte. Véritable parcours initiatique, il conduit le promeneur vers les grandes perspectives d'eau ou de gazon qui visent l'horizon – et sont autant d'appels au voyage. Dès 1600, l'agronome Olivier de Serres voulait que chaque propriétaire

« dresse les avenues de sa maison de tant loin qu'il pourra par longues et larges allées droitement alignées ». En 1636, Boyceau de la Baraudière insiste sur la nécessité de « longues routes et allées des bois et des campagnes ». Le terrain était donc balisé pour qu'à la première occasion un concepteur ait la possibilité théorique et technique de réaliser d'ambitieux programmes d'aménagement.

Le Nôtre avait indéniablement le goût des effets grandioses, néanmoins, il reliait ses perspectives à un schéma plus général de l'aménagement du territoire. Il s'intéressait aux grands tracés d'infrastructures ; parmi les rares documents qui nous soient parvenus, des dessins en font foi. Perspective… prospective, il y a là plus qu'un rapprochement sémantique. La prospective indique quelles seront, d'après elle, les situations générales auxquelles les hommes seront confrontés dans l'avenir. La perspective, quant à elle, porte le regard sur un ailleurs déjà perceptible mais vers lequel il faut apprendre à cheminer…

En ce sens la perspective issue des Tuileries – les Champs-Élysées – illustre parfaitement cette vision prospective d'aménagement que l'urbanisme parisien réalisera ultérieurement. Si la perspective de Vaux-le-Vicomte peut sembler « gratuite », elle n'en a pas moins été un terrain d'essai idéal. Et la grande perspective de Versailles, c'est le Grand Canal, où auraient dû venir des vaisseaux de toute la France… Évasion et aménagement conjoints, ouverture au monde et maîtrise de celui-ci : voilà le véritable sens de la perspective.

Au XVIIIe siècle, Saint-Pétersbourg et Washington illustreront ce thème sur le mode colossal. Mais la plus courte des perspectives ne porte-t-elle pas déjà en germe une aspiration vers l'universel ?

Qu'est ce que la perspective ?

Venue du latin *perspectus*, c'est-à-dire « vu à travers », la perspective désigne l'aspect des objets vus de loin. Appliquée à l'art des jardins, elle implique l'utilisation de la profondeur et de l'espace dans un but qui semble viser l'infini. Une sorte de quête du « Graal visuel ».

Située devant le château, la plaine des Quatre Statues de Sceaux comprend le Grand Parterre et trois bassins. Leur disposition triangulaire est chère à Le Nôtre, on la retrouve notamment dans le Grand Parterre des Tuileries.

Vaux-le-Vicomte

Vaux-le-Vicomte, pétrifié par les conséquences de l'une des plus terribles disgrâces qu'ait jamais encourue une personnalité de si haut rang, est resté comme l'instantané d'un moment précis de l'art dans tous les domaines.

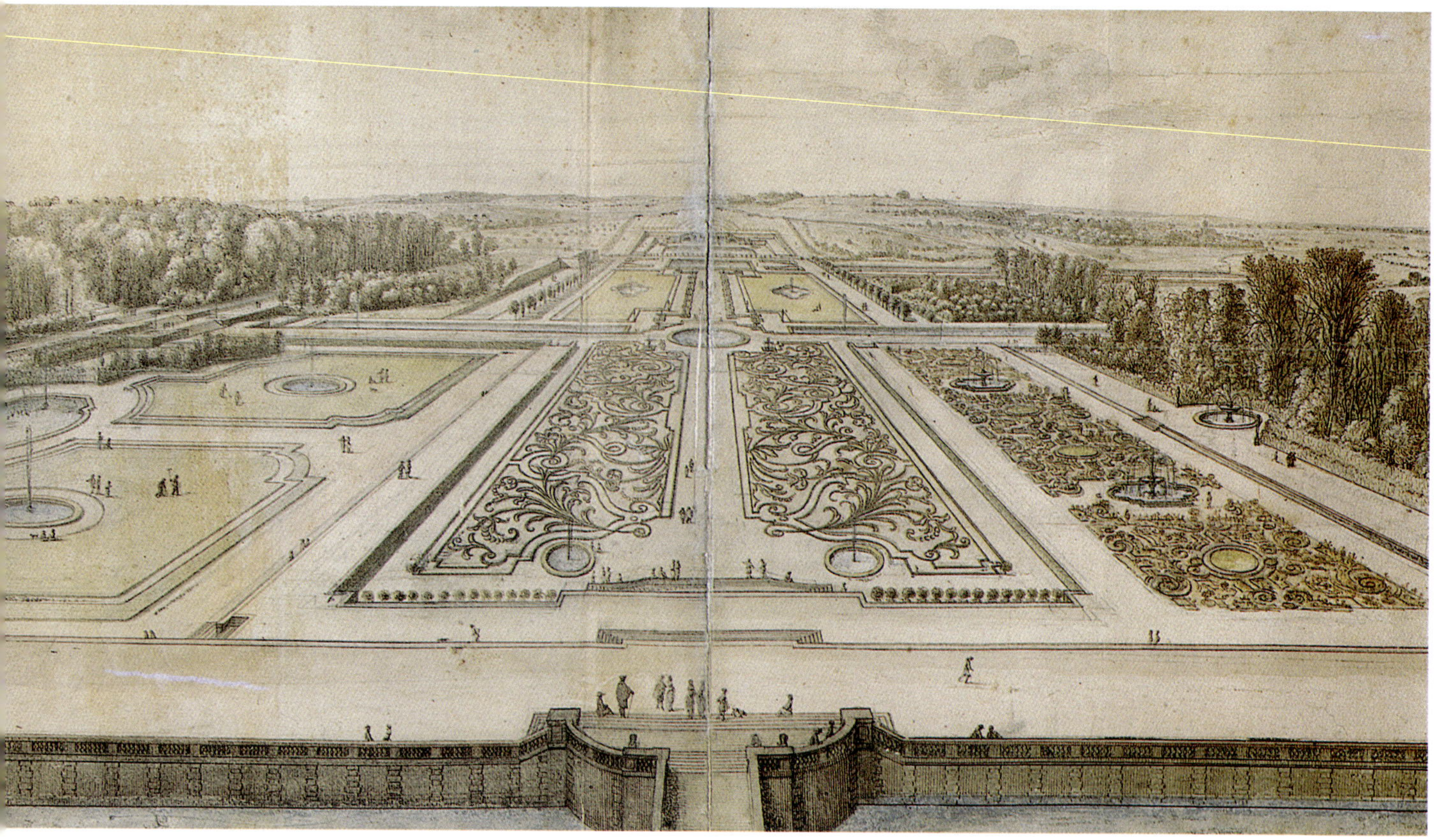

Israël Silvestre. *Vue et perspective du jardin de Vaux-le-Vicomte.* XVIIe siècle. Musée du Louvre.

Le début de la carrière de Le Nôtre est traditionnellement attaché à Vaux-le-Vicomte. Il a pourtant déjà 43 ans, en 1656, quand Nicolas Fouquet, le flamboyant ministre, fait appel à lui… Or il a déjà fait ses preuves ; on glorifie déjà son travail à Berny, et, juste avant Vaux, il a sans doute travaillé à Chaville, pour Michel Le Tellier. Il est significatif qu'un esthète tel que Fouquet le choisisse pour dessiner ses jardins.

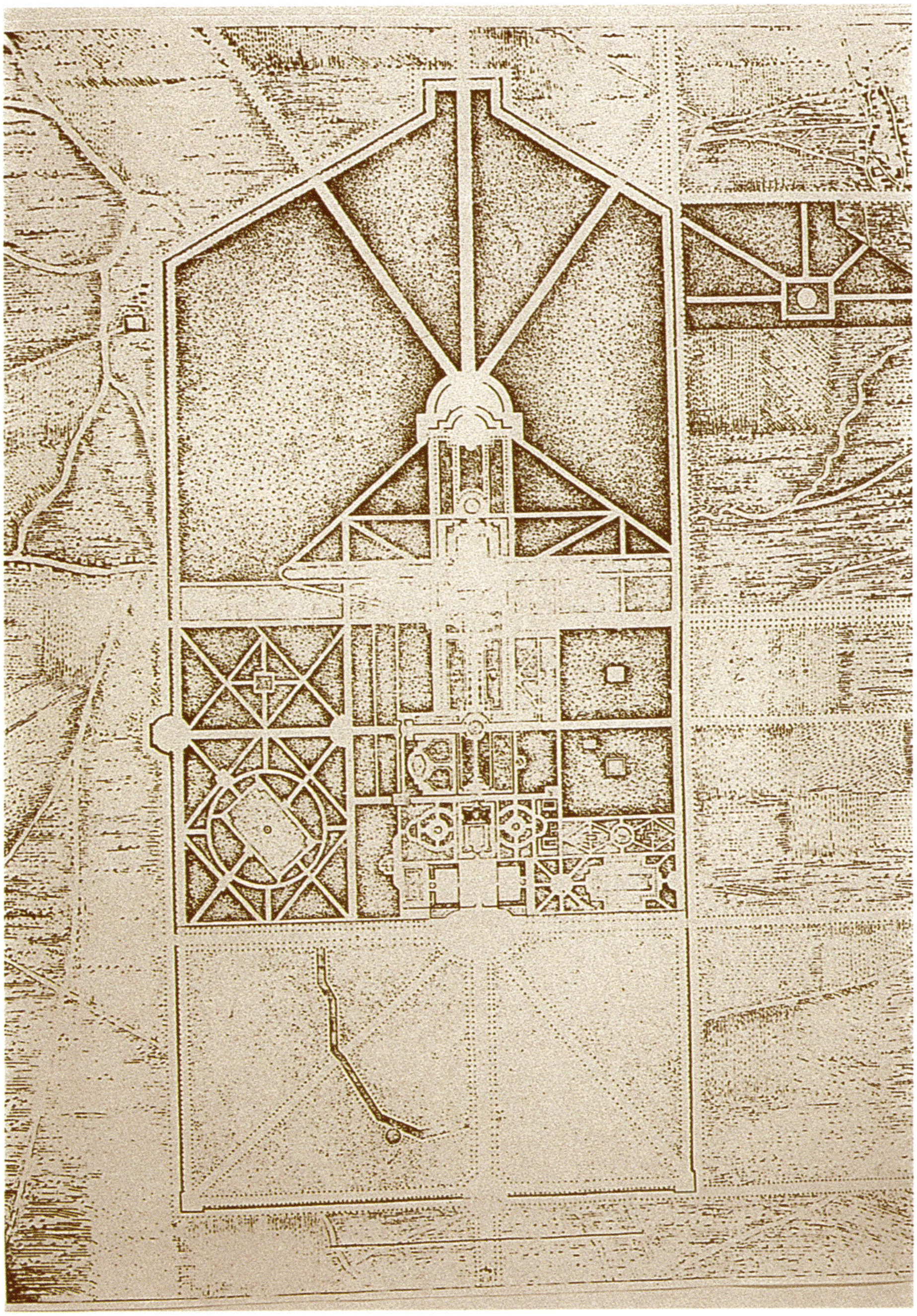

Israël Silvestre. *Plan de Vaux-le-Vicomte,* vers 1660.

La Fontaine inspiré

« Il me fit voir en songe un palais
[magnifique
Des grottes, des canaux, un superbe
[portique
Des lieux que pour leurs beautés
J'aurais pu croire enchantés
Si Vaux n'était point au monde ;
Ils étaient tels qu'au soleil
Ne s'offre au sortir de l'onde
Rien que Vaux qui soit pareil... »

Voici comment La Fontaine, donnait, dès 1658, dans *Le Songe de Vaux,* son opinion sur la superbe résidence édifiée par son protecteur et ami Nicolas Fouquet, surintendant des Finances, à proximité de Melun.

En haut :
Israël Silvestre. *Vue et perspective de Vaux-le-Vicomte du côté du jardin,* fin du XVIIe siècle.

Page ci-contre :
Vue de Vaux-le-Vicomte du côté du jardin, en l'état actuel.

Comme « foucquet » désigne en breton un écureuil, Fouquet prend cet animal pour symbole et adopte une devise superbe : *Quo non ascendam ?* Jusqu'où ne monterai-je pas?

En 1653, Mazarin place Fouquet aux Finances. Les mœurs du temps, où les finances privées sont le pilier essentiel des finances publiques, lui permettent, à l'instar de son patron, de ses prédécesseurs, et de ses collègues, d'amasser une immense fortune. Ses trésors ne se comptent plus. Sa merveilleuse résidence de Saint-Mandé – dont il ne reste rien – en témoigne pour lui.

En 1635, son père avait acheté Vaux-le-Vicomte, un petit domaine de peu d'importance : un manoir antique cerné de douves, quelques dépendances, quatre moulins, une chapelle... pas de quoi s'enorgueillir.

En 1655, Fouquet, étoile montante, décide de concrétiser sa puissance.

L'aménagement du territoire est une notion qui nous semble récente. En fait, elle émerge dès cette époque des décombres de la monarchie préabsolutiste. Fouquet se charge de le démontrer.

En 1656, il achète tout ce qui lui paraît nécessaire, en fait de terrains, à l'immense projet qu'il a en tête pour son domaine. On exproprie sans coup férir les habitants de deux villages voisins, et on rase tout ! Le vieux manoir subit le même sort. Seules les douves subsistent.

Pour sa création « nonpareille », Fouquet fait appel à Le Vau pour l'architecture, à Le Brun pour la décoration et à Le Nôtre pour les jardins.

Il connaît ce dernier, qui a peut-être aussi travaillé à Saint-Mandé. Faute de documents, on met une grande part de l'œuvre de Le Nôtre au conditionnel, un conditionnel étayé tout de même de fortes présomptions. Si peu

d'archives attestent du passage de Le Nôtre à Vaux-le-Vicomte, tout porte cependant sa marque. Il y déploie un savoir-faire magistral. En outre, pour la première fois, il part de rien, ou presque, dans un cadre idéal où peut librement s'exercer son génie.

En 1657, Le Nôtre obtient l'une des trois charges de contrôleur général des bâtiments. Cela signifie que son rôle ne se limite pas aux jardins. En fait, sa mission est d'ordre général, car on ne distingue pas le bâti minéral du bâti végétal, si l'on peut dire. Les deux sont indissolublement liés. Ceci suppose une grande entente entre le commanditaire et les divers maîtres d'œuvre.

À Vaux-le-Vicomte, l'entente fut exemplaire.

Elle se poursuivit jusqu'au fatal jour d'août 1661, où Fouquet, pour avoir voulu éblouir le Soleil, fut précipité dans les ténèbres.

Figé par la colère du roi, Vaux-le-Vicomte nous est parvenu à peu près intact. Il serait toutefois injuste de ne pas mentionner ici le nom de M. Sommier. Propriétaire des lieux à la fin du XIXe siècle, il leur rendit une beauté un peu ternie par près d'un siècle de semi-négligence.

Incessamment poursuivis depuis, les travaux de remise en valeur de Vaux-le-Vicomte permettent aux visiteurs d'apprécier un domaine souvent préféré à Versailles, peut-être parce qu'il est resté, malgré son ampleur, plus à taille humaine.

Un jardinier collectionneur

Les surprises ne s'arrêtaient pas aux effets de pentes et de perspectives. Mlle de Scudéry signale avoir vu deux pyramides « à l'imitation de celles qui sont près de Memphis [...] en un petit coin de terre assez irrégulier près du carré d'eau ». Ces pyramides disparues auraient dû contenir chacune un sarcophage égyptien. Fouquet en avait acheté deux à Marseille, qu'il avait entreposés à Saint-Mandé.
Ces sarcophages n'allèrent jamais à Vaux-le-Vicomte. Après la catastrophe de 1661, Le Nôtre s'en rendit acquéreur et les garda chez lui aux Tuileries. Après un séjour en Touraine au XVIIIe siècle, les deux vieux défunts iront finalement résider au Louvre.

Un aménagement révolutionnaire

Orienté nord-ouest, sud-est, selon une vieille tradition, le parc de Vaux-le-Vicomte, par son ampleur et le volontarisme dont son implantation témoigne, marque une véritable révolution dans le domaine de l'aménagement du territoire. Pour la première fois un si grand espace fut aussi rapidement acquis et transformé à but d'agrément : deux hameaux, des champs, des vignes et des prés disparurent sans laisser de traces !

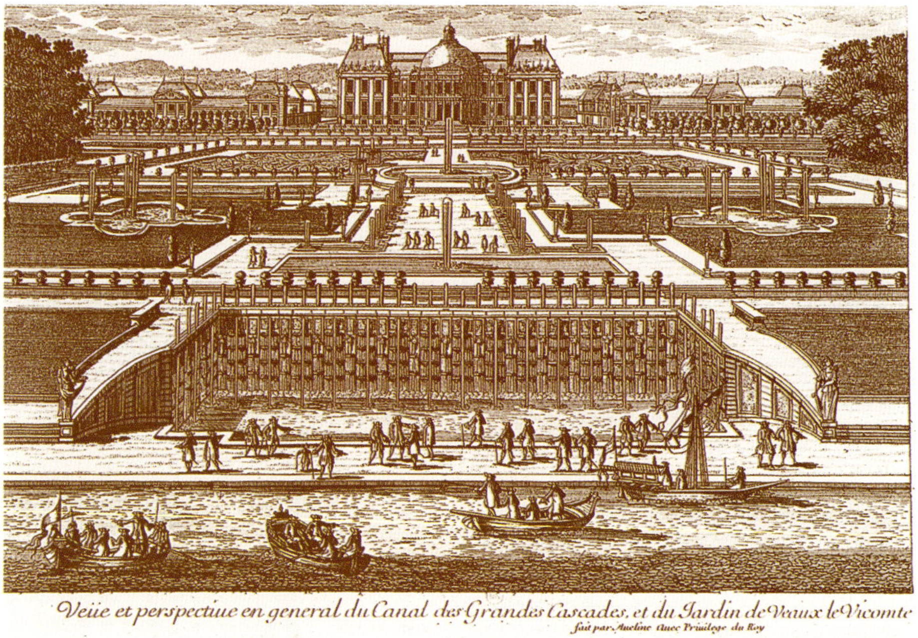

Ci-contre :
Vue et perspective du canal des Grandes Cascades et du jardin de Vaux-le-Vicomte.

Ci-dessous :
Vasque bordant la partie centrale du Grand Canal.

Le parc est implanté à cheval sur un grand vallon traversé en son fond par une petite rivière, le Monceaux. Rectifiée sur une section de son parcours, elle deviendra le Grand Canal. Voilà un bel exemple d'utilisation du site.

Par ailleurs, les pentes situées de part et d'autre de ce canal permettent le développement de grandes perspectives et la multiplication des effets de surprise visuelle chers à Le Nôtre.

La perpendicularité du Monceaux est la « pierre angulaire » de la composition des jardins : un grand rectangle divisé en trois parties. La route délimite la première, au nord ; le Grand Canal sépare la seconde de la troisième, au sud. Quoiqu'inégale, leur importance respective est comparable. L'essentiel de ce que nous admirons à Vaux-le-Vicomte réside dans « l'espace du jardin » proprement dit, situé au centre, succédant à l'espace d'accès et précédant le parc supérieur vers lequel monte la célèbre perspective. Ces trois parties s'enchaînent sans rupture et sont de fait indissociables. L'ensemble est dissymétrique : ce qui se trouve à l'est de l'allée centrale est plus étendu que ce qui est situé à l'ouest. Cette disposition permet de varier la composition interne des différents secteurs tout en gardant une trame générale parfaitement orthonormée. À l'intérieur de celle-ci, l'art du jardinier peut multiplier les modes d'expression sans jamais perdre de vue l'unité de l'ensemble. Dès l'entrée de Vaux, on saisit l'imbrication entre château et jardin. La disposition des bâtiments ménage de larges trouées par lesquelles on aperçoit le gazon des parterres et, en arrière-plan, les frondaisons du couvert.

Le château, entouré de douves se présente comme une petite île dégagée dans ses environs immédiats de toute végétation haute : ainsi l'a voulu constamment Le Nôtre dans toutes ses créations. Des parterres de largeur inégale le flanquent à l'est et à l'ouest. Vers le sud, en sortant de la demeure, on descend d'abord un large escalier puis on franchit les douves et on arrive au Bouligrin : deux parterres de broderies particulièrement travaillées encadrent symétriquement l'axe central.

À l'est, deux parterres de gazon ornés en leur centre d'un bassin rond, font la transition avec la futaie, sur laquelle s'adosse presque un bassin ovale. À l'ouest, un parterre plus étroit s'allonge entre le Bouligrin et les bois.

Continuant la progression vers le sud, on passe, au-delà d'un bassin circulaire, entre les « Canaux », deux minces rectangles symétriques et perpendiculaires à l'axe central. La promenade se poursuit entre deux grands parterres de gazon, symétriques eux aussi, agrémentés chacun d'un grand bassin ovale et ponctués sur leur entour d'ifs taillés. Quatorze vasques encadrent l'allée centrale ; à l'origine, elles devaient porter des « chandeliers d'eau » dont le murmure et l'aspect auraient rafraîchi le visiteur. Puis voici un grand vivier : on le croit d'abord alimenté par l'eau issue de sept grottes disposées à l'arrière-plan, mais, fait surprenant, quand on s'approche, on s'aperçoit qu'il n'en est rien. Au bout de quelques marches, on découvre le petit rectangle, perpendiculaire à l'axe, des Petites Cascades ; et surtout, long de plus d'un kilomètre d'est en ouest, le Grand Canal au-delà duquel la vue monte rapidement vers l'ensemble des grottes très décorées. Encore au-dessus, la Gerbe constitue la dernière ligne d'eau transversale du parc. Enfin, le Vertugadin, tapis vert en pente prononcée, donne à la perspective son essor final. Deux cents mètres plus loin, la statue colossale de l'Hercule Farnèse assure la dernière ponctuation, à près d'un kilomètre du château…

D'autres aménagements de Le Nôtre, latéraux à cet ensemble, n'ont pas survécu. Mais en comparant une carte de l'époque et une carte actuelle, on reste frappé par la similitude de l'ensemble et de son environnement : rien n'est venu briser ce rêve de pierre, d'eau, et de végétal, à jamais fixé par le drame qui l'a rendu immortel…

Triton soufflant dans une conque.

La niche des Dieux

De l'autre côté du Grand Canal, dans l'axe du château, s'épanouit d'abord la Gerbe, surplombant les Grottes. Leurs niches abritent deux dieux-fleuves à la statuaire remarquable. Mlle de Scudéry voulait y reconnaître le Tibre et l'Anqueil (une rivière locale).

La muse de l'architecture à travers les paroles de La Fontaine :

« Tout ce qu'ont fait dans Vaux les
[Le Bruns, les Le Nostres,
Jets, cascades, canaux, et plafonds
[si charmants
Tout cela tient de moi ses plus
[beaux ornements »

Les niveaux

La morphologie du site est, au XVIIe siècle, le premier élément dont on tient compte pour établir les plans d'un jardin à la française. La préférence est accordée à un terrain d'assiette égale et unie plutôt qu'à un terrain escarpé (même si ce dernier permet de spectaculaires étagements de terrasses.) Les surprises visuelles viendront alors d'un aménagement précis, où les lois de l'optique serviront à guider le regard et les pas vers des horizons sans cesse renouvelés. À ce titre, Vaux-le-Vicomte est exemplaire. Les effets de niveaux obtenus par le travail en coupe de l'axe longitudinal empruntent presque tout aux conceptions les plus élaborées de l'art militaire de leur époque. Celles-ci sont détournées à des fins pacifiques : il s'agit d'offrir à la vue un terrain de conquête jusque-là inconnu. Le parc classique, vise à se fondre dans la nature environnante. La technique de base est la même, qu'il s'agisse de niveler des jardins ou de réaliser des fortifications. À Vaux-le-Vicomte, sortant du château par le sud, on descend d'abord un large perron : disposition jugée partout essentielle par Le Nôtre, avec le dégagement des abords. Puis on suit, au milieu des parterres, la pente douce qui conduit aux canaux, et, au-delà, au Grand Canal. Avant de l'atteindre, il faudra contourner le vivier et descendre d'autres marches qui le séparent des Petites Cascades. C'est ici que se découvre la grande perspective liquide perpendiculaire au grand axe qui, sur l'autre rive, remonte rapidement par une succession de rampes et d'escaliers vers l'apothéose visuelle du Vertugadin et son échappée vers le ciel. En se retournant, on aperçoit dans le vivier, malgré la distance, l'image du château semblant plonger vers les nuages... Sans l'étagement précisément calculé des différents niveaux successifs, il n'y aurait là qu'une succession de parterres et de plans d'eau sans doute assez monotone. Exactement ce que le jardin à la française n'est pas !

Page ci-contre :
En haut, *Le Tibre*, en bas, *L'Anqueil*, situés dans les grottes de Vaux-le-Vicomte.

Ci-dessus :
Le parterre de broderie, situé devant le château est caractérisé par ses entrelacs de buis.

Les Tuileries

On a peine à imaginer, en parcourant de nos jours ce grand rectangle de verdure et de calme, véritable île au milieu de la circulation qui l'entoure, quelle révolution représenta sa transformation par Le Nôtre au XVIIe siècle.

C'est ce jardin, dans sa forme définitive, qui donna à Paris la direction de son développement futur, tourné vers l'ouest et rêvant très vite de constructions fabuleuses… Cependant, il y a un avant et un après Le Nôtre.

En 1564, Catherine de Médicis avait jeté son dévolu sur cette banlieue où, depuis le XIIe siècle, se trouvaient surtout quelques fours à tuiles, à cause de la présence de bancs d'argile à cet endroit. Ce sont ces « Thuilleries » qui donnèrent leur nom au quartier. Un nom qui a traversé les siècles !

Lassée de Paris, Catherine de Médicis décida de se faire construire un château à cet endroit. Les bâtiments avancèrent peu, mais le jardin progressa assez vite. Il s'étendait le long de la Seine jusqu'à un bastion fortifié élevé juste à l'est de notre actuelle Concorde. Ces jardins parurent aux Parisiens comme une sorte d'avant-goût du Paradis ! Ils s'extasièrent devant les buis taillés, le labyrinthe, la grotte, l'écho, les allées droites, les gazons, quelques pelouses toutes simples. Mais l'abondance de sapins, d'ifs, de cyprès, donnait à l'ensemble un caractère parfois un peu oppressant.

Le jardin était clos de murs, et une rue passablement boueuse le séparait du château dont elle frôlait les fenêtres.

Un siècle plus tard, le parc n'avait pas beaucoup changé. Les arbres avaient grandi, l'obscurité aussi. C'est le fameux Carrousel de 1662, donné par Louis XIV en l'honneur de Mlle de La Vallière, qui donnera au roi l'occasion de « considérer » les lieux plus attentivement. Ordre est bientôt donné d'achever, de transformer, et d'embellir les Tuileries, château et parc compris. Colbert, nommé surintendant des Bâtiments le 1er janvier 1664, prend l'affaire en mains.

On commence par donner l'ordre, le 13 février de cette même année, d'évacuer toutes les constructions de particuliers édifiées au fil des ans le long des murs du palais et du jardin. Puis Le Vau se charge du château. Il le rééquilibre complètement en le prolongeant vers le nord jusqu'au pavillon de Pomone (appelé pavillon de Marsan de nos jours). La longueur totale de la façade atteint 330 mètres !

Auréolé des prestiges de Vaux-le-Vicomte, Le Nôtre se voit confier la tâche de dessiner un jardin qui soit à la hauteur de l'architecture : « Du grand et du beau », tel est le mot d'ordre ! Or, ce jardin est déjà un peu le sien. Son grand-père, son père et lui-même y ont déjà beaucoup travaillé. Il n'hésitera pas un seul instant à le remodeler complètement, à tel point que presque rien ne subsistera de l'état antérieur !

La sombre ruelle séparant le château du jardin disparaît pour faire place à un perron grandiose courant tout au long de la façade. Afin que l'on puisse avoir suffisamment de recul pour bien admirer celle-ci dans toute son ampleur, Le Nôtre installe une grande esplanade décorée de superbes parterres de broderies entremêlés de gazons, et agrémentée de bassins. Au nord et au sud du jardin sont érigées deux longues terrasses plantées d'arbres : Les Feuillants, côté

Israël Silvestre. *Plan du jardin des Tuileries,* 1671.

« Montmartre », le Bord-de-l'Eau, côté Seine. Ces deux remblais permettent de masquer la déclivité du terrain. Ajoutons qu'ils offrent aussi la possibilité de contempler de haut les parterres et évitent aux promeneurs de rester à découvert sur l'esplanade pendant les temps de grand soleil. Au milieu de cette futaie soigneusement taillée, Le Nôtre crée de charmants bosquets propices au repos, à la rêverie. On admire particulièrement le bosquet de l'Amphithéâtre, où l'on donne la Comédie.

Comme surgie du pavillon central du château, une allée magistrale court d'un bout à l'autre du parc, aboutissant au bastion remodelé de Catherine de Médicis. Deux rampes douces, en fer à cheval, permettent d'en atteindre les vestiges et d'admirer, vers l'est, le Grand Bassin, superbe octogone de 60 mètres de diamètre,

Le Nôtre récompensé !

En novembre 1666, Louis XIV accorde à Le Nôtre une gratification exceptionnelle de 4 000 livres, « en considération du travail extraordinaire qu'il a fait pendant ces deux années dernières ». Le Roi n'est pas le seul à être satisfait, Mme de Sévigné en tête, l'opinion publique est unanime à vanter les beautés et les agréments du parc ainsi remodelé.

Page ci-contre :
Jean-Baptiste Hugues. *La Misère,* Marbre de 1905-1907 inspiré du thème antique du Laocoon.

Versailles

Jardinier insatiable, le Roi-Soleil exige de Le Nôtre l'impossible : il l'obtient.

En haut :
Jacques Dubois. *Plan du château, plan du Parterre d'Eau, du Parterre du Nord, du Parterre du Midi*, in : *Recueil des Plans et distributions du chasteau et jardins de Versailles*, 1732.

En bas :
Jacques Dubois. *Plan général du château, et jardins de Versailles*, in : *Recueil des Plans et distributions du chasteau et jardins de Versailles*, 1732.

Saint-Simon reproche à Louis XIV d'avoir choisi pour l'implantation de son grand château « l'endroit le plus affreux de la terre ». Venteux, bourbeux, marécageux, malsain... les épithètes malsonnantes ne manquent par pour qualifier le site de Versailles. Cependant, ce site, avec sa légère et longue pente, se prête admirablement bien à l'édification d'un « jardin à la française ». Il offre en outre la possibilité d'une grande perspective et un espace immense : à son apogée, clos de 43 km de murs, le Grand Parc dépassera 6 000 hectares !

L'installation même du château se déroule sur plus de 40 ans : en 1685, on dénombre sur le chantier quelque 36 000 ouvriers et 6 000 chevaux, la chapelle ne sera inaugurée qu'en 1710 et il faudra attendre 60 ans de plus pour l'opéra.

Au XIe siècle, *Versaliae* a pour seigneur un certain Hugo. Ce petit hameau de paysans et de bûcherons, perdu dans la forêt, ne possède pour tout monument que la petite forteresse du seigneur, une église dédiée à saint Julien, et un moulin à vent situé à peu près à l'emplacement de la Cour de Marbre. Deux étangs – un à l'emplacement de la gare Rive Droite, l'autre à celui du Potager du roi – encadraient le village, tout de même desservi par une ancienne route servant à acheminer vers Paris les troupeaux venus de Bretagne ou de Normandie. On parle alors couramment de « Versailles-au-val-de-Gallie », d'après le nom du ruisseau qui sert d'exutoire aux deux étangs.

En 1575, Versailles devient propriété des Gondi, famille italienne dans l'orbite des Médicis. En 1589, les Valois disparaissent et les Bourbons s'installent – non sans mal. Ce sont de grands chasseurs. Devenu roi en 1610, Louis XIII trouve dans ce passe-temps aux multiples facettes un indispensable dérivatif à son manque de pouvoir initial. Ses chevauchées, à la poursuite du grand gibier – cerfs, loups, etc. – l'amènent à découvrir Versailles. Séduit par cet endroit sauvage, il n'hésite pas à y passer la nuit dans la demeure quelque peu ruinée des Gondi. Le père de Saint-Simon racontera plus tard qu'il lui est souvent arrivé d'y dormir tout habillé couché sur de la paille, comme le roi lui-même !

Pierre Patel, le père. *Vue du château de Versailles en 1668,* Château de Versailles et de Trianon.

Au cours de l'hiver 1623, Louis XIII se décide à faire édifier un pavillon de chasse. Dès 1631, cependant, de plus en plus séduit par l'environnement, Louis XIII demande à Leroy – son architecte – de lui construire un petit château de briques et de pierres, aux toits d'ardoise. Celui-ci subsiste, partiellement visible, au fond de la Cour de Marbre. Un premier parc est dessiné : voici en germe le noyau du futur grand Versailles. Jusqu'à sa mort en 1643, Louis XIII reviendra à Versailles. Détail pittoresque, les femmes ne sont pas admises en ce lieu où, plus tard, quelques-unes d'entre elles feront l'Histoire…

En 1651, Louis XIV fait sa première visite à Versailles ; il vient chasser et dîner au château. Dans son esprit chemine peu à peu le projet d'une installation véritablement royale. Tout ce dont il a hérité de ses prédécesseurs est certes d'un intérêt historique incontestable, mais vétuste. De plus, Paris ne lui donne pas la possibilité de bâtir à sa guise.

Richelieu n'a-t-il pas créé Rueil ? Fouquet n'a-t-il pas osé édifier Vaux ? Versailles les surpassera. Les jardins offriront au roi la possibilité de donner des fêtes splendides ; il faudra bien aussi loger, même brièvement, les nombreux invités. Saisie à Vaux-le-Vicomte, au même titre que les orangers, la collaboration de Le Vau, Le Nôtre, Lebrun est requise pour déployer à Versailles le meilleur de leur talent. Colbert insiste sur la lourdeur des dépenses et le peu de résultat visible, rien n'y fait. Inexorablement Versailles grandit, et surtout son parc. Une première orangerie est édifiée ; on commence la Ménagerie. Deux

L'eau à Versailles

Seul point noir, qui ne sera d'ailleurs jamais vraiment éliminé, le manque d'eau. Peu de visiteurs se doutent des efforts titanesques qu'il fallut déployer pour assurer aux nombreux bassins, jets, fontaines un approvisionnement sérieux, ainsi que pour créer ces immensités liquides que sont le Grand Canal, la pièce d'eau des Suisses, et le Bassin de Neptune.

petites ailes sont ajoutées au château de Louis XIII. En 1663, Le Nôtre crée à l'ouest deux parterres latéraux. Ils deviendront plus tard le Parterre du Nord et le Parterre du Midi. La même année, en septembre, une fête d'une semaine est l'occasion de présenter à un public choisi le nouveau visage du château et de ses jardins ; Molière donne *L'Impromptu de Versailles.* Cependant, l'inauguration véritable aura lieu en mai 1664, avec *Les Plaisirs de l'Île Enchantée,* longue fête qui enchantera pour de bon les participants.

À partir de ce moment, les travaux seront continuels. On commence le Labyrinthe. En 1665, c'est au tour de la Grotte de Téthys ; en 1666, le fer-à-cheval encadre le futur bassin de Latone. En 1668, voici l'amorce du Grand Canal, sur une idée de Le Nôtre ; la même année, Louis XIV décide de sauvegarder le vieux château de son père et de le doter d'une « enveloppe » immense. Rude tâche en perspective, car il faut d'abord édifier d'immenses remblais sur un terrain naturellement peu stable… D'innombrables charrois de terre viendront déposer de quoi créer le plateau artificiel nécessaire aux futures constructions.

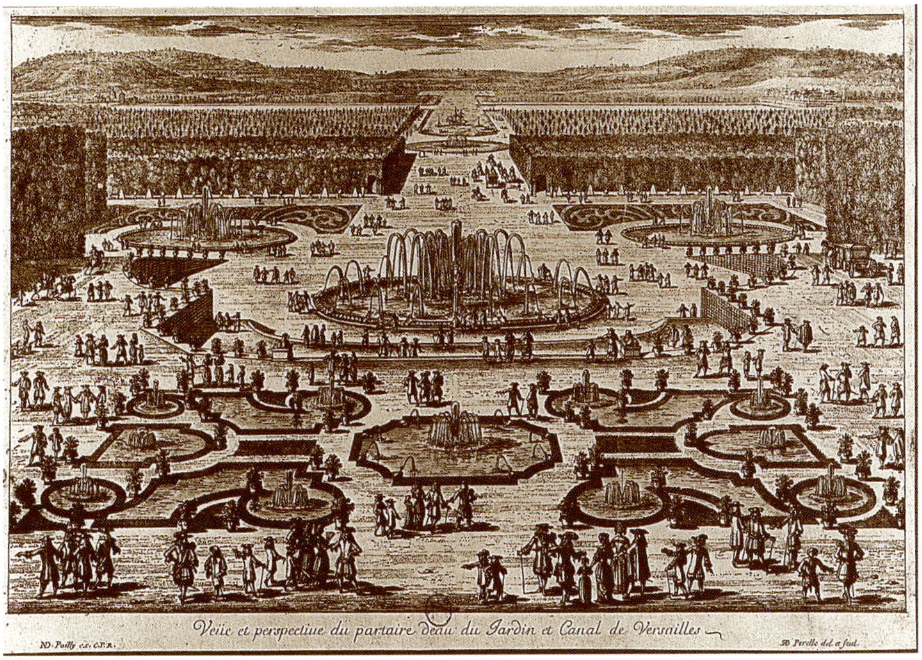

Pérelle. *Vue et perspective du Parterre d'Eau du Jardin et Canal de Versailles,* vers 1670.

Page ci-contre :
Eugène Atget. Versailles, *Cyparisse* par Flamen, 1902.

Toujours en 1668, une grande fête d'été est donnée au retour de la campagne de Franche-Comté. En 1670, le bassin de Latone dans sa première version (Latone regarde alors le château) voit le jour. La ville de Versailles se développe, sur des bases fiscales attirantes ; le village de Trianon est rayé de la carte, mais laisse son nom à un premier Trianon, celui dit « de Porcelaine » car il est revêtu de faïence. Pendant que La Quintinie s'occupe de drainer et de fumer les terres du futur potager, Le Nôtre fait venir des arbres déjà grands par milliers et aménage quelques bosquets ; certains se succèdent assez rapidement au même endroit, pour des raisons d'entretien ou par caprice.

En 1674 encore, Colbert passe une commande d'une trentaine de statues ! Primitivement destinées aux parterres, on s'apercevra, à la réflexion, qu'elles

Une fête interminable

En 1674, Louis XIV donne la dernière « grande fête », à l'occasion de la deuxième conquête de la Franche-Comté. Commencée en juillet, elle s'achève fin août par une grande fête de nuit sur le Canal et dans le parc illuminé *a giorno.* Entre temps, on a présenté *Alceste* de Quinault et de Lulli, *Le Malade Imaginaire* de Molière (devant la grotte de Téthys), *L'Éloge de Versailles*, de Lulli. *Iphigénie* de Racine a retenu le 18 août les spectateurs dans l'Orangerie.

Parterre du Midi, agrémenté de broderies de buis, de topiaires. Au fond, un rond d'eau.

sont un peu trop grandes. Elles seront donc implantées à d'autres endroits du parc moins à découvert.

Le 6 mai 1682, c'est l'installation officielle de la cour à Versailles. Les écuries et l'Aile du Midi sont terminées. Si la Grande Galerie, que nous appelons Galerie des Glaces, n'en a plus « que » pour deux ans avant de dévoiler ses splendeurs au public, l'Aile du Nord attendra encore quelques années ; c'est un répit pour la Grotte de Téthys, située à son emplacement. Mais quel tracas pour les milliers d'habitants, permanents ou non du château, que ce chantier permanent avec son bruit, sa poussière et ses odeurs ! Il flotte dans l'air un parfum discret de récrimination. L'immense bassin des Suisses est enfin terminé. En 1683 la reine disparaît et Maintenon la remplace. Les temps changent…

Ce qui ne change pas, c'est la quête désespérée de l'eau pour alimenter les fontaines, les bassins, le canal. Réservoirs multipliés, étangs barrés, sources captées, rivières canalisées, tout est de l'eau apportée au moulin. On envisage de détourner la Loire ; des calculs précis démontrent que c'est impossible, au grand dam de Le Nôtre ! On se contentera donc de l'Eure. On devra renoncer à ce projet à la fin du siècle, devant le coût et les moyens à mettre en œuvre pour réussir cette opération.

En 1685, la nouvelle Orangerie, gigantesque et d'une merveilleuse conception, est achevée entre les deux escaliers des Cent Marches. En 1689, un nouveau Trianon, tout de marbre, remplace le Trianon de Porcelaine qui tombait en ruines.

Les aménagements ultérieurs du parc ne verront pas de modification essentielle de son dessin et de sa substance. Certes, des bosquets ont disparu, l'Île Royale est devenue un gazon, la Ménagerie a disparu, ainsi que le Labyrinthe… Et l'on a cessé de tailler tous les arbres au cordeau.

Le domaine de Versailles sera miraculeusement préservé à plusieurs reprises d'une destruction totale : sous la Régence d'abord, pendant la Révolution ensuite, dans les années 1830 enfin. Les guerres l'ont épargné, parfois de fort peu, et les projets pharaoniques de reconstruction envisagés par Napoléon sont heureusement restés dans leurs cartons…

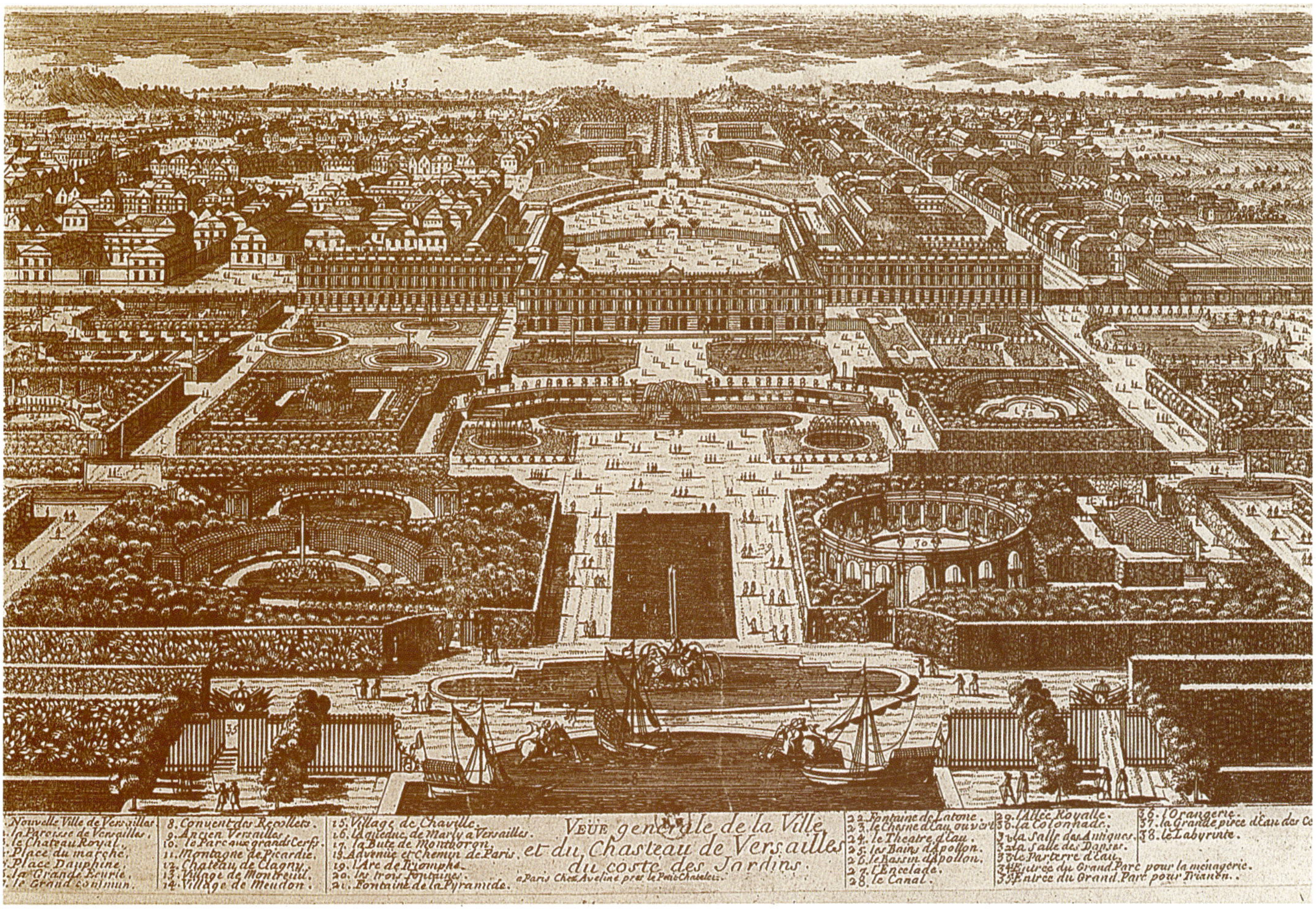

Aveline. *Vue générale de la ville et du château de Versailles du côté des jardins.*

Versailles représente le plus grand musée en plein air de sculpture en France : elles sont plus de deux cents, au total, à orner les parterres, les allées, les bassins, et les bosquets ! C'est de 1674 que date, passée par Colbert, la fameuse « grande commande » qui aboutit, quelques années plus tard, à la floraison de chefs-d'œuvre qu'on peut encore admirer sur place. Une trentaine de marbres, dont vingt-quatre statues réparties en six thèmes : les quatre éléments, les quatre heures du jour, les quatre poèmes, les quatre saisons, les quatre parties du monde, les quatre tempéraments. Elles devaient initialement être installées devant le château ; on y renonça en songeant que cela ne serait pas agréable à la vue et la plupart allèrent habiter le Parterre du Nord.

Il subsiste à Versailles des statues plus anciennes : *Les Enfants aux Sphynx*, par exemple. Placés à l'orée du Parterre du Midi, ils comportent des *Amours* de bronze, modelés en 1660 par Sarrazin, placés sur des marbres de Lerambert. Louis XIV conseillait de s'y arrêter pour bien « voir le parterre du Midy ».

Toutefois, c'est le groupe de Latone et de ses enfants qui a inauguré à Versailles l'ère de la grande statuaire de marbre. Latone regardait primitivement vers le château ; elle fut tournée vers le Canal lors de la réfection totale de son bassin. On trouve dans le parc nombre de copies d'antiques ! Parmi ces copies, deux des plus remarquables sont le *Gladiateur Mourant*, placé au bas d'une des rampes du bassin de Latone, et le *Laocoon* copié par Tubi et installé à l'orée du Tapis Vert.

Abrités dans le bosquet qui porte leur nom, mais qui ne date que de 1778, les *Bains d'Apollon* sont composés d'un monumental groupe triple, sculpté

Ci-dessous : Vue des jardins près du bassin de Latone (côté nord).

Page ci-contre : Bosquet des Dômes. Jean Raon, statue d'Arion d'après un dessin de François Girardon.

Château de Versailles du côté du Parterre d'Eau, 1681.

entre 1672 et 1677. Le groupe principal, de Girard et Regnaudin, représente Apollon servi par six Nymphes. On peut facilement reconnaître Louis XIV sous les traits d'Apollon. Les deux autres groupes sont ceux des *Chevaux du Soleil pansés par des Tritons,* on les doit à Marsy et à Guérin. Ils étaient tous initialement placés sous des baldaquins de plomb doré.

Non loin d'eux, à l'ouest du Parterre d'Eau et encadrant l'axe solaire, se trouvent les deux Cabinets des Animaux. Côté nord, c'est le cabinet de Diane ; côté sud, celui du Point du Jour. Rien de gratuit dans ces combats où l'on voit d'une part deux lions affrontant un sanglier et un loup, et de l'autre, un tigre attaquant un cerf tandis qu'un limier déchire un sanglier. C'est le rappel d'un texte d'Ovide décrivant les portes du Palais du Soleil. Enfin, *L'Hiver* de Girardon, vieillard mélancolique qui serre contre lui un maigre vêtement et tente de se réchauffer à un brasero posé à ses pieds habite, cela se comprend, le Parterre du Nord.

Trois grands parterres assurent la transition entre le château et les futaies qui composent le parc.

Le Parterre du Nord constituait initialement le paysage que l'on apercevait en premier depuis les fenêtres de l'appartement du roi. C'était avant le transfert du séjour royal du côté de la Cour de Marbre. Ce parterre, divisé en deux rectangles égaux, est formé de grands triangles de gazon ceints de bordures de buis taillés, qui délimitent des massifs de fleurs. Deux bassins, excentrés vers le Nord, ornent chaque côté du parterre ; des sirènes et des tritons qui autrefois soutenaient deux couronnes fleurdelisées, s'y ébattent nonchalamment. Dans l'axe de l'Allée d'Eau, menant au Bassin de Neptune, on aperçoit la Pyramide de Girardon, fontaine de 1672, et le Bassin des Nymphes de Diane, du même artiste. Le Parterre « bas », c'est-à-dire celui qui jouxte le château, est encadré au nord et à l'ouest par des statues placées en 1686: les *Quatre Parties du Monde,* les *Quatre Saisons,* les *Quatre Poèmes,* les *Quatre Tempéraments.* En haut du perron central qui mène au Parterre d'Eau, on aperçoit deux chefs-d'œuvre en bronze : une copie d'antique, le *Rémouleur,* une copie de moderne, la *Vénus Pudique*, d'après Coysevox.

Le Parterre d'Eau, qui correspond exactement à la façade du corps central du château, domine le parc. De là, on aperçoit les trois horizons du nord, du midi, et de l'axe du soleil. Son état actuel est celui des années 1685-1690; c'est la quatrième et définitive version des lieux. L'eau y a la suprématie et triomphe dans deux grands bassins qui forment comme un parvis liquide au palais. Tout un peuple de bronze – couché pour ne pas arrêter la vue – habite les margelles de ces bassins. Aux extrémités se trouvent les fleuves français, représentés par des hommes, et leurs affluents, représentés par des femmes, selon la tradition antique.

Le Parterre du Midi, par conséquent le plus ensoleillé, déploie depuis la même époque les fastes de ses broderies et de ses innombrables fleurs sous les fenêtres de l'Appartement de la Reine. Deux bassins circulaires, des plus simples, ornent chacune des sections égales de ce parterre. Il n'a pas d'autre décoration que ses fleurs, veillées par les cônes élégants des ifs taillés qui le délimitent. Le Parterre du Midi est, de plus, un merveilleux balcon géant d'où l'on découvre, à ses pieds, les fastes de l'Orangerie, et le miroitement de la pièce d'eau des Suisses.

On ne sait pas toujours qu'il est arrivé à Louis XIV de prendre la plume. La *Manière de Montrer les Jardins de Versailles* est datée couramment de 1705, mais on sait par Mme de Maintenon qu'il y travaillait déjà vers 1690. En 1705, Versailles est à peu près terminé, Louis XIV présente au public son *Règlement autographe pour la visite des jardins.* On peut voir là un geste de défi vis-à-vis d'une adversité grandissante. On peut y voir aussi le souci d'un concepteur, qui a tout décidé jusque dans le moindre détail pour éviter au visiteur de se perdre.

La descente le long du Tapis Vert laisse découvrir douze statues et douze vases de marbre.

Manière de montrer les Jardins de Versailles

1. En sortant du château par le vestibule de la Cour de marbre, on ira sur la terrasse ; il faut s'arrester sur le haut des degrez pour considérer la situation des parterres des pièces d'eau et les fontaines des Cabinets.

2. Il faut ensuite aller droit sur le haut de Latonne et faire une pause pour considérer Latonne, les lésars, les rampes, les statües, l'allée royalle, l'Apollon, le canal, et puis se tourner pour voir le parterre et le château.

3. Il faut après tourner à gauche pour aller passer entre les Sfinx ; en marchant il faut faire une pause devant le Cabinet pour considérer la gerbe et la nappe ; en arrivant aux Sfinx on fera une pause pour voir le parterre du midy, et après on ira droit sur le haut de l'Orangerie d'où l'on verra le parterre des orangers et le lac des Suisses.

4. On tournera à droit, on montera entre l'Apollon de bronze et le Lantin et l'on fera une pause au corps advancé d'où l'on voit Bacchus et Saturne.

5. On descendra par la rampe droite de l'Orangerie et l'on passera dans le jardin des orangers, on ira droit à la fontaine d'où l'on considérera l'Orangerie, on passera dans les allées des grands orangers, puis dans l'Orangerie couverte, et l'on sortira par le vestibule du costé du Labirinte.

6. On entrera dans le Labirinte, et après avoir descendu jusques aux canes et au chien, on remontera pour en sortir du costé de Bachus.

7. On ira voir la salle du bal, on en fera le tour, on ira dans le centre et l'on en sortira par le bas de la rampe de Latonne.

8. On ira droit au point de veüe du bas de Latonne, et en passant on regardera la petite fontaine du satire qui est dans un des bosquets ; quand on sera au point de veüe, on y fera une pause pour considérer les rampes, les vases, les statues, les Lésars, Latonne et le château ; de l'autre costé, l'allée royalle, l'Apollon, le canal, les gerbes des bosquets, Flore, Saturne, à droit Cérès, à gauche Bachus.

9. On descendra par la girandolle qu'on verra en passant pour aller à Saturne, on en fera le demy tour et l'on ira à l'isle royalle.

10. On passera sur la chaussée où il y a des jets aux deux costez, et l'on fera le tour de la grande pièce ; quand on sera au bas, on fera une pause pour considérer les gerbes, les coquilles, les bassins, les statües et les portiques.

11. Après on ira jusques à la petite allée qui va à l'Apollon, et l'on entrera à la gallerie par en bas ; on en fera le tour, et l'on en sortira par l'allée qui va à la Colonade.

12. On entrera dans la Colonade, on ira dans le milieu, où l'on fera le tour pour considérer les colonnes, les ceintres, les bas reliefs et les bassins. En sortant on s'arrestera pour voir le groupe de Guidy et l'on ira du costé de l'allée royalle.

13. On descendra à l'Apollon, où l'on fera une pause pour considérer les figures, les vases de l'allée royalle, Latonne et le chasteau ; on verra aussi le canal.

Si l'on veut voir le mesme jour la Mesnagerie et Trianon, on ira devant que de voir le reste des fontaines.

14. On entrera dans la petite allée qui va à Flore, on ira aux bains d'Apollon et l'on en fera le tour pour considérer les statües, cabinets et bas-reliefs.

15. On passera par Lancellade, où l'on ne fera qu'un demy-tour, et après l'avoir considéré, on en sortira par en bas.

16. On entrera par la salle du Conseil, on remontera jusqu'à Flore, on en fera le demy tour.

17. On ira à la montagne, on fera un demy tour dans la petite allée qui tourne devant que d'entrer dans le centre de l'Étoille, et quand on y sera, on fera le tour de la montagne.

18. On ira après à Cérès pour aller au théâtre, on verra les changements et l'on considérera les jets des arcades.

19. On sortira par le bas de la rampe du Nort, et l'on entrera au Marais, on en fera le tour.

20. On entrera aux trois fontaines par en haut, on descendra, et après avoir considéré les fontaines des trois étages, l'on sortira par l'allée qui va au Dragon.

21. On tournera autour du Dragon, et l'on fera considérer les jets et la pièce de Neptune.

22. On ira à l'arc de triomphe, l'on remarquera la diversité des fontaines, des jets, des napes et des cuves des figures et les différents effets d'eau.

23. On ressortira par le Dragon, on passera par l'allée des Enfans, et quand on sera sur la pierre qui est entre les deux bassins d'en bas, on se tournera pour voir d'un coup d'œil tous les jets de Neptune et du Dragon ; on continuera ensuite de monter par ladite allée.

24. On s'arrestera au bas de la nape, et l'on fera voir les bas reliefs et le reste de cette fontaine.

25. On passera après la Piramide, où l'on s'arrestera un moment, et après on remontera au chasteau par le degré de marbre qui est entre l'esguiseur et la Vénus honteuse, on se tournera sur le haut du degré pour voir le parterre du Nort, les statües, les vases, les couronnes, la Piramide et ce qu'on peut voir de Neptune, et après on sortira du jardin par la mesme porte par où l'on est entré.
Quand on voudra voir le mesme jour la Ménagerie et Trianon, après avoir fait la pause auprès d'Apollon, on ira s'embarquer pour aller à la Ménagerie.
En montant sur l'amphithéatre, on fera une pause pour considérer le canal et ce qui le termine du costé de Trianon.
On ira dans le salon du milieu.
On entrera dans toutes les cours, où sont les animaux.
Après on se rembarquera pour aller à Trianon.
En arrivant, on montera par les rampes, on fera une pause en haut, et l'on fera une pause en haut, et l'on fera remarquer les trois jets, le canal et le bout du costé de la Ménagerie.
On ira droit à la fontaine du milieu du parterre bas, d'où l'on montrera la maison.
Après l'on ira la voir par dedans, on entrera dans le peristile, on y remarquera la veüe de l'advenue, et du jardin l'on verra la Cour; après on ira dans le reste de la maison jusques au salon du haut de la gallerie.
On montrera le Jardin du Roy.
On reviendra par le mesme salon du bout de la gallerie pour entrer dans les Sources. Et après on passera dans la gallerie pour aller à Trianon sous bois.
On ira jusques sur la terrasse du haut de la cascade et puis on viendra sortir par le salon du bout de la gallerie du costé du bois.
On ira le long de la terrasse jusques à l'angle, d'où l'on voit le canal, on tournera après au cabinet du bout de l'aisle d'où l'on verra le château, les bois et le canal.
On en sortira et l'on passera le long du corps du logis du côté des offices, et l'on ira jusques à l'allée du milieu.
Quand on sera dans le centre de la maison, on fera voir l'obscurité du bois, le grand jet et la Nape au travers de l'ombre.
On descendra droit au parterre de gazon, on s'arrestera au bas de l'allée obscure pour considérer les jets qui l'environnent.
On ira passer à la fontaine qui est dans le petit bosquet pour aller à la cascade basse.
On remontera le long de l'allée jusques à la haute.
Et après on ira traverser le parterre bas par l'allée qui va au fer à cheval.
On en descendra pour entrer dans les batteaux pour aller à l'Apollon.
Et après on reprendra l'allée qui va à Flore, on ira aux bains d'Apollon et l'on verra le reste ainsy qu'il est marqué cy dessus.

Louis XIV

Jean-Baptiste Martin, le vieux. *Vue du bosquet de la Galerie des Antiques dans les jardins de Versailles*, XVIIe siècle. Château de Versailles et de Trianon.

Meudon

Actuellement, il ne reste plus que des vestiges du parc de Meudon, mais de remarquables vestiges qu'une restauration récente met en valeur. Une vue magnifique, deux châteaux, de somptueux jardins, et tout autour des forêts, c'était Meudon, avant la Révolution, le vandalisme et les guerres.

Un jardinier enthousiaste

Le Nôtre vint à Meudon en juin 1695, s'y promenant en compagnie de Louis XIV. En quittant le roi, il déclare : « Sire, je suis ravi que vous ayez Meudon, mais je serais fâché que vous l'eussiez eu plus tôt, car ils ne vous l'auraient pas fait si beau. »

L'Ouest parisien se caractérise par une succession de buttes et d'élévations entre lesquelles la Seine se faufile en un long et sinueux méandre. Meudon, dans sa partie haute, se trouve à plus de 150 mètres d'altitude. De là, le point de vue est demeuré superbe.

En 1654, le nouveau propriétaire des lieux est M. Abel Servien, marquis de Sablé et surtout surintendant des Finances. Il est fort riche. À Meudon, il répare, agrandit, transforme une vieille résidence des Guise. À peine a-t-il le temps de faire admirer sa nouvelle et splendide orangerie qu'il décède, en 1659. Vingt ans après, son fils doit vendre Meudon à Louvois, ministre de Louis XIV et rival de Colbert. Le marquis fait immédiatement appel à Le Nôtre qui doit tenir compte des importantes contraintes du terrain et ne pas faire table rase de l'œuvre de ses prédécesseurs. Qu'importe ! Toujours épris de grandeur et de vastitude, il s'empare de l'opportunité pour créer une magnifique avenue accédant au château, longue de près d'un kilomètre et ponctuée de pièces d'eau. Au point le plus élevé, il implante une superbe terrasse, 450 mètres de long par 136 de large. Elle offre au promeneur un panorama incomparable sur Paris et la vallée de la Seine.

Au début de l'année 1685, Louis XIV vient jouer les curieux. Il trouve les bâtiments « remarquables » et les jardins « charmants ». Parterres de broderies étagés, ronds d'eau, nouvelle orangerie, et surtout le « coup d'œil », cher à Le Nôtre comme à lui-même, tout lui plaît… Louvois ne peut pourtant s'empêcher d'apporter des modifications et son complice est certainement Jules Hardouin-Mansart. En 1695, Meudon revient à Monseigneur, successeur présumé de Louis XIV. En matière d'arts, c'est un amateur des plus distingués. Dès 1695, il fait rétablir un joli bosquet, celui de l'Ovale, selon « les dessins initiaux de Le Nôtre ». Celui-ci dut en éprouver un plaisir certain.

Le XVIIIe siècle délaissera Meudon. Le Château-Vieux explose pendant la Révolution. Le parc est laissé à l'abandon. En 1870, des échanges d'artillerie franco-prussiens mettent le feu au Château-Neuf.

La forêt de Meudon, quant à elle, s'est assez bien défendue, malgré l'urbanisation galopante.

En définitive, c'est l'œuvre de Le Nôtre qui a peut-être le mieux résisté aux vents de l'Histoire…

Israël Silvestre. *Vue du château de Meudon du côté du jardin*, 1685.

Marly-le-roi

La participation de Le Nôtre à l'élaboration de Marly-le-Roi n'est pas totale, mais elle est essentielle : il fournit le dessin des axes et donne de précieux conseils de plantations.

Situé au sud-ouest de Paris, au-dessus d'une boucle de la Seine, avec Saint-Germain au nord et Versailles au sud, le site de Marly est très ancien. La configuration générale du terrain est la suivante : un plateau ; au nord, la Seine ; au sud, la forêt à laquelle il s'adosse. À l'est et à l'ouest, deux vallons. La vue est vaste.

Il existait deux petits villages : Marly-le-Bourg et Marly-le-Châtel. En 1676, Louis XIV rachète Marly-le-Châtel. Marly-le-Bourg ne sera acquis qu'en 1693, et, de leur fusion, naîtra Marly-le-Roi.

En 1678, Mansart est chargé de présenter des plans pour le futur château et son domaine. Il fournit une composition tout à fait inattendue.

Imaginez un petit château, accompagné de douze pavillons indépendants, six de chaque côté, le long d'un grand bassin rectangulaire terminé par des cascades et un abreuvoir monumental. Le château s'appelait le Pavillon du Soleil et était destiné au roi et à ses proches. Les Pavillons des mois étaient prévus pour les invités. D'autres constructions, à l'est et à l'ouest abritaient les princes ainsi que les services.

Louis Lerusé, maître d'œuvre du parc, a suivi le plan des axes majeurs donné par Le Nôtre. Tout d'abord, un axe nord-sud, de la Grande Cascade à l'Abreuvoir. Puis un axe est-ouest, de la Grille Royale sur la route de Versailles jusqu'au Grand Parc par le Belvédère.

Comme à Sceaux, les deux axes ont pour point d'intersection le bâtiment principal, ici le Pavillon du Soleil.

Le domaine de Marly fut surtout le domaine de l'eau que Louis XIV et ses artistes ont fait surgir de tous les côtés et sous toutes les formes possibles : bassins, tapis, nappes, jets innombrables, et surtout une grande cascade restée célèbre. Une extraordinaire machine, barrant la Seine, approvisionnait dans un bruit infernal la totalité du complexe réseau d'alimentation des fontaines. Celle-ci est due au Flamand Rennequin Sualem.

De septembre 1686 à août 1715, Louis XIV vint à Marly environ trois cents fois. Il y conviait une centaine de courtisans pour quelques jours. Malgré l'inconfort notoire des lieux, un grand nombre de candidats suppliait pour « en être ». « La pluie de Marly ne mouille pas », disait même un jour l'un des heureux élus en rentrant au château complètement trempé par une violente averse !

Venu à Marly peu avant sa mort, en juillet 1700, Le Nôtre put contempler le résultat de ses indications et le travail de ses successeurs. S'il apprécia l'honneur

Lassé du beau et de la foule, Louis XIV se persuada qu'il voulait quelquefois du petit et de la solitude.

Atalante, 1730.

Page ci-contre :
Guillaume Coustou Ier. *Palfrenier retenant un cheval*, un des célèbres chevaux de Marly.

de parcourir le parc en compagnie du roi, il ne se priva pas de dire que Louis XIV, livré à lui-même, n'avait pas autant de goût que lui en matière de jardins !

Et pourtant… On avait fait venir, comme Le Nôtre le préconisait, des milliers d'arbres déjà grands des provinces environnantes ; et c'est par millions que les oignons de fleurs sortaient des pépinières du Roule pour prendre la direction de Marly. Les contemporains s'extasiaient sur les palissades et les colonnes de charmille, véritables prouesses techniques et végétales. On admirait les Appartements verts, le Salon du midi, le Salon du Couchant, le Cabinet de la rêverie, etc. Des pergolas garnies de jasmin et de chèvrefeuille reliaient entre eux les pavillons des invités. Dans de somptueux bassins au fond garni de céramiques peintes, les carpes royales s'efforçaient de survivre.

Partiellement amoindri – Louis XV fit supprimer la Grande Cascade – Marly-le-Roi connut encore au XVIIIe siècle quelques belles fêtes jusqu'au printemps 1789. Vingt ans après, il ne restait strictement rien du château et des pavillons. Du parc ne survécurent que les grandes lignes, retournées à l'état d'épures. Sans les fameux *Chevaux de Marly,* les Parisiens songeraient-ils encore à la résidence disparue de Louis XIV ?

La Ramasse

On trouvait aussi à Marly un divertissement tout à fait étrange, appelé « la Roulette » ou « la Ramasse ». Cet étrange véhicule dévalait à toute allure la colline sur des rails de bois, puis, entraîné par le mouvement, remontait partiellement la côte opposée. Grisant, n'est-ce pas ? On n'a retrouvé aucune déclaration de Le Nôtre sur ce divertissement. Lui qui n'aimait que le grand et le beau, peut-être trouva-t-il cette installation quelque peu ridicule…

La statuaire

« Malheur à ceux qui s'en prennent à Apollon au travers de sa mère ! » Louis XIV

Mascarons à Versailles.

Page ci-contre :
Rond point des philosophes, décoré en 1688. Au premier plan, Philippe Magnier. *Ulysse*. Au fond, à gauche, Gérard-Léonard Hérard et Pierre Granier. *Poème pastoral*, 1674-1687.

Image de l'univers et univers lui-même, le jardin classique est un tout où chaque partie révèle l'intention de ses concepteurs. Réglé et codifié, il est porteur des valeurs du XVIIe siècle qui s'ouvre au monde moderne en s'inspirant des langages et des mythes de l'Antiquité.

Dans cette optique, la statuaire qui peuple les parcs à la française n'a rien d'une gratuité décorative plantée de au hasard des caprices des propriétaires, ou de sculpteurs en mal de renommée. Elle correspond à un programme précis.

À l'architecture minérale de la demeure s'oppose l'architecture végétale des jardins soigneusement dessinés et taillés. Tout comme au peuple des statues logeant dans et sur le château, grand ou petit, répond le peuple des statues ponctuant le parc, ses allées, ses axes, ses bassins, ses retraites cachées et ses espaces ouverts.

Les jardins de la Rome antique s'ornaient déjà de nombreuses statues. Elles habitaient aussi bien les portiques et les bassins que les grottes – vieux symboles du mystère des origines. Le monument le plus remarquable de cette époque lointaine est sans nul doute la villa d'Hadrien à Tivoli. Dans ce grand domaine à l'est de Rome, l'empereur avait rassemblé, vers 140 apr. J.-C., une incroyable quantité d'œuvres d'art – surtout des statues – venues ou recopiées de tous les points de son Empire. La Renaissance s'est caractérisée par sa volonté de faire revivre, au moins partiellement, l'Antiquité. Elle a donc ressuscité, entre autres par le biais de fouilles entreprises dès le XVe siècle, quelques œuvres majeures. Imitées, moulées, réinterprétées, elles ont pris le chemin de jardins d'un type nouveau que l'on résume par le mot « maniériste ». Ces jardins triomphent en Italie au cours de la seconde moitié du XVIe siècle.

Le jardin à la française en reprend quelques éléments, où la référence à l'Antiquité est dominante. Les humanistes ont su faire la synthèse entre les philosophes païens et la foi révélée : il n'y a donc plus d'obstacle à la réutilisation de vieux mythes pour illustrer la nouvelle pensée. On ne s'étonnera donc pas de voir le Très-Chrétien faire appel, pour meubler ses jardins des Tuileries ou de Versailles, à des divinités officiellement mortes

Ci-contre :
Bassin du Fer à cheval situé au bas de la cascade de Saint-Cloud, où foisonnent les dragons et les grenouilles.

Ci-dessous :
Vue du haut de la cascade.

depuis plus d'un millénaire! Elles lui servent à exprimer sa propre mythologie. Revers de la médaille, il est nécessaire de bien connaître les vieilles cosmogonies pour bien comprendre le message : mais on peut toujours se contenter d'apprécier l'esthétique exceptionnelle des œuvres ainsi créées. Il est vrai que les artistes de talent furent nombreux : Coysevox, Girardon, Tuby, Magnier, Le Hongre, les frères Marsy, les Keller… Ils ont donné corps et visages à tout un peuple de dieux, demi-dieux, héros, allégories, éléments, saisons, fleuves, monstres, et animaux réels ou imaginaires, sans oublier les nymphes, satyres, et autres naïades. Tout ce monde de pierre, de marbre, ou de bronze, balise les parcours initiatiques que deviennent les parcs de l'époque. C'est particulièrement vrai à Versailles, où tout sert à magnifier la grandeur royale. La richesse naturelle du pays est exprimée par ses dieux-fleuves et ses déesses-rivières. Les enfants, en nombre, expriment la fécondité de la France. Tragique, le bassin de l'Encelade est un avertissement à ceux qui voudraient défier l'autorité suprême. Mais indubitablement, pour Louis XIV qui l'écrit deux fois dans sa *Manière de montrer les jardins de Versailles,* l'ensemble de Latone est capital : malheur à ceux qui s'en prennent à Apollon au travers de sa mère! Allégorie de la Fronde? Sans doute. D'ailleurs, à la mort du roi, certains diront devant l'allégresse publique : « Coassez, crapauds, maintenant que le Soleil s'est couché! » Ils avaient compris le message. Apollon est le dieu choisi par Louis XIV pour le représenter : Hercule ne pouvait lui suffire, ce n'était qu'un demi-dieu… On trouve cependant Hercule à Versailles comme aux Tuileries; il est trop « incontournable » pour être banni. On y trouve aussi l'Amérique, une belle « indienne » emplumée, et l'Afrique, arborant une gracieuse tête d'éléphant façon Ganesha. Une façon de rappeler au promeneur que le roi de France est aussi souverain de la Louisiane et du Québec, et qu'il tient Saint-Louis du Sénégal. Allusion à peine voilée à la maîtrise potentielle du monde.

Le Temps, auquel même les dieux sont soumis, a sa part : la succession des Saisons répond aux visages humains qui, de la jeunesse à la vieillesse, scandent les fenêtres de la façade du château.

Dans d'autres parcs, la statuaire n'ayant pas besoin d'exprimer tant de majesté se fait plus aimable. Elle exprime, toujours sur le mode allégorique, l'amitié, l'amour, l'abondance, et d'autres vertus encore : Colbert, à Sceaux, installe bien en évidence à sa grille un dogue et une licorne : fidélité et pureté ! Les statues ont aussi le pouvoir d'animer, par leur grâce, l'architecture végétale qui les entoure. La lumière joue sur leur texture ; au gré des ciels mouvants, leur regard de pierre ou de métal semble parfois s'allumer d'étincelles fugitives ou pleurer des larmes de pluie ; en hiver, la neige souligne délicatement leurs traits. Poussant le jeu plus loin, certains n'hésiteront pas, pour une fête, à mêler aux vraies statues de fausses, qui soudain s'animent et bondissent parmi les invités, donnant pour un instant l'illusion que les symboles ont pris chair et se mêlent aux mortels !

Si l'on ne déchiffre plus toujours très bien, faute d'habitude, l'intention sous-jacente à cette floraison d'œuvres d'art, il nous reste encore la possibilité de méditer sur l'indéniable grandeur qu'elle exprime.

Ci-dessus :
Masque de rocaille situé dans la grotte de Versailles.
Ci-dessous :
Rond point des philosophes décoré en 1688 et situé au Parterre du Nord à Versailles. On aperçoit à gauche, *Isocrate* de Pierre Granier et à droite, *Pittacus* de Barthélémy de Mélo.

Saint-Germain

La grande œuvre de Le Nôtre à Saint-Germain, celle que l'on cite toujours et qui peut encore être parfaitement admirée dans toute son étendue, c'est la Grande Terrasse, née en 1673 après quatre années de travaux cyclopéens. De 2400 mètres de long par 30 de large, elle n'a cessé depuis trois siècles d'être l'une des plus magnifiques promenades des environs de Paris.

Magnifique éperon regardant vers l'est, entouré de forêts giboyeuses, doté d'un air salubre et surplombant de haut une belle boucle de la Seine, Saint-Germain fut choisi vers 1130 par le roi Louis VI pour y construire une place forte, reconstruite en 1540 par François 1er dans le style de son époque. De nos jours, nous pouvons encore contempler cet édifice.

Il y eut aussi un Château-Neuf qui s'étageait entre le Château-Vieux et la rive de la Seine (projet d'Henri II mené à bien par Henri IV). On y voyait des terrasses étagées, des parterres compliqués, des grottes, des automates variés, et diverses plaisanteries hydrauliques qui permettaient d'arroser les invités par surprise… L'alimentation en eau de l'ensemble était due au génie des Francine, qui « signeront » plus tard celle de Versailles.

Louis XIV est né à Saint-Germain en 1638 et a fréquenté ces lieux depuis son enfance. Il songe à s'y installer. En 1661, Jules Hardouin-Mansart adjoint au Château-Vieux cinq grands pavillons et Le Nôtre est chargé du parc, côté forêt.

Début 1663, il crée le Parterre de la Galerie du Roi, y déployant de fastueuses broderies. Il s'agit de mettre au goût du jour les jardins démodés qui relient les deux châteaux.

Le Nôtre ne se contentera pas, on s'en doute, de planter des buis. Au cours de la seule année 1665, par exemple, il met en place cinq millions d'arbres! car il s'agit de replanter la forêt.

En 1669, le mur de la vieille terrasse de Saint-Germain s'écroule par suite de vétusté et d'infiltrations. Le Nôtre se chargera des réparations. Il se trouve néanmoins en concurrence avec Le Vau qui propose un tracé de reconstruction rectiligne à partir du château. Plus subtilement, Le Nôtre soumet un tracé comportant une légère cassure au niveau du premier tiers du parcours, éliminant ainsi toute monotonie. L'avis de Le Nôtre prévaudra.

On remarque, en lisant les plans, l'usage de termes tels que « bastionnement », « demi-lune », etc., qui font partie du vocabulaire des fortifications. N'oublions pas qu'à cette époque il n'y a pas rupture de continuité entre l'art de l'urbanisme, celui des jardins, et l'art militaire.

Louis XIV projetait de construire un troisième château à Saint-Germain. Il y renoncera au profit de Versailles qui y gagnera son ampleur.

Les travaux de Le Nôtre ne s'arrêteront pas à la Grande Terrasse. En 1674, il déploie devant le Château-Vieux un parterre de broderies agrémenté de trois bassins, et perce une avenue en direction de la forêt. Il travaille encore sur place en 1679, dans le nouveau jardin de la Dauphine. Il tracera un grand parterre le long de la terrasse.

Bordée de nos jours de tilleuls centenaires, la Grande Terrasse est restée un lieu de promenade extraordinaire, d'où l'on découvre un panorama embrassant une grande partie de la région parisienne.

Le Vau à Colbert,
le 11 avril 1663

Monsieur le Nostre est ici avec plusieurs ouvriers pour faire le parterre en face du bout de la grande galerie de l'appartement du roi où était un plan de pruniers que l'on a abattu. La terre est aplanie et on commencera demain à planter le buis.

Page ci-contre :
Point de départ de la grande terrasse situé au rond point du Rosarium. La statue fut mise en place lors d'un réaménagement au XIXe siècle.

Ci-dessous :
Allée Henri II, située dans le parterre nord qui borde le château.

Le végétal

Page ci-contre :
Décoration intérieure et jardins de Versailles, taille des arbres : ifs du bassin de Latone, XVIIIe siècle. Château de Versailles et de Trianon.

Ci-dessous :
Allée des Marmousets à Versailles dont les topiaires sont la reproduction des formes ci-contre. Au premier plan, Pierre Legros Ier. *Trois petits satyres.*

Qu'est-ce que le jardin, sinon le triomphe du végétal sous de multiples formes ? Cependant, ce triomphe est voulu et organisé par l'homme qui sélectionne et promeut, en fonction de ses goûts et de ses besoins, les espèces qui lui conviennent.
Si tous les jardins répondent à cette définition, ce qui fut choisi pour orner et composer le jardin classique est néanmoins spécifique.
Le Nôtre applique la progression préconisée pour l'aménagement des parcs par les grands théoriciens du XVIIe siècle, dont Boyceau de la Baraudière, par exemple. Depuis l'étage du château, il est possible d'admirer la perfection des dessins des parterres « de broderie » où des buis soigneusement taillés reproduisent les motifs complexes – arabesques, fleurons, initiales entrelacées… – définis auparavant sur le papier.
Tranchant net sur le fond – noir de limaille, rouge de brique pilée, blanc de cailloutis, et jaune de sable –, ces motifs se déploient seuls ou enserrent, par endroits

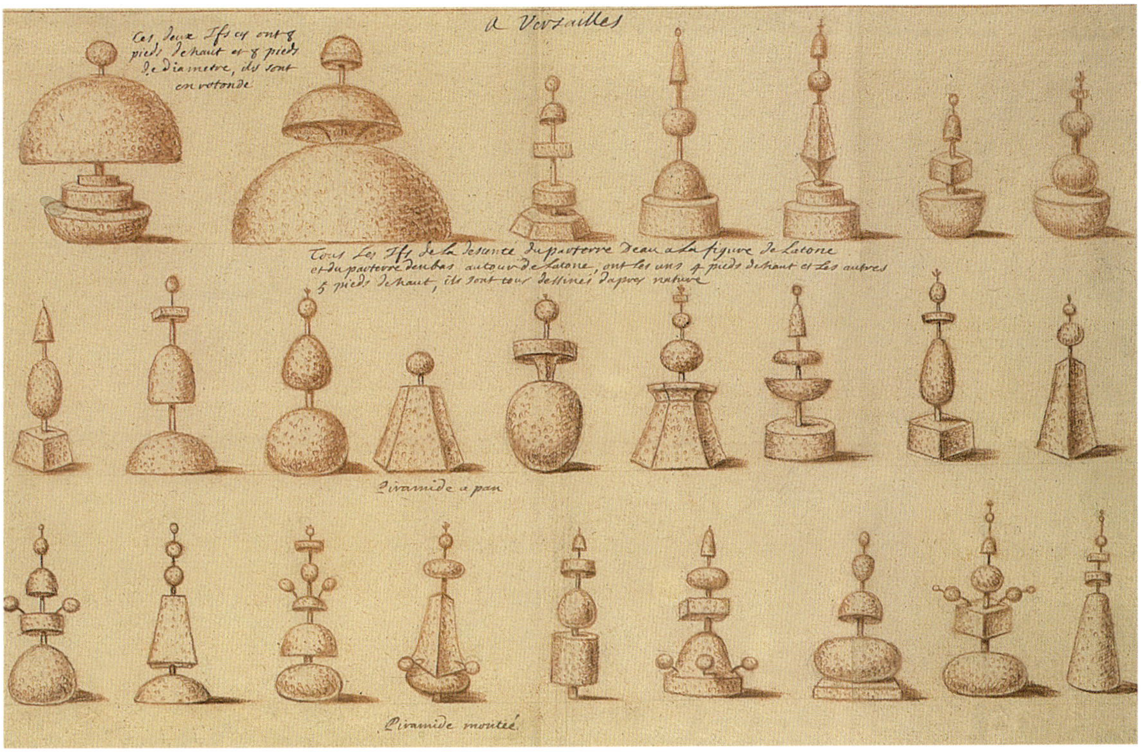
a Versailles
Ces deux Ifs cy ont 8 pieds de haut et 8 pieds de diametre, ils sont en rotonde
Tous les Ifs de la desente du parterre deau a la figure de Latone et du parterre denbas autour de Latone, ont les uns 4 pieds de haut et les autres 5 pieds de haut, ils sont tous dessines dapres nature
Piramide a pan
Piramide montée

symétriquement disposés, des « compartiments » de fleurs aux coloris choisis et systématiquement renouvelées : tulipes, anémones, renoncules, tubéreuses... L'effet visuel doit être celui d'un tapis, et l'inspiration orientale est assez évidente.

Les buis n'ont pas toujours été les seuls végétaux utilisés dans la confection des broderies à cause de leur odeur un peu prégnante ; mais leur résistance et leur entretien assez aisé les ont fait se généraliser et perdurer dans l'usage.

Au-delà des parterres de broderies s'étendent les parterres de gazon. Deux dispositions ont souvent été retenues : le boulingrin (de l'anglais *bowling green*) se présente en léger creux. Et le vertugadin, nommé d'après la pièce d'habillement féminine ancêtre du corset, est au contraire surélevé. Dans les deux cas, la difficulté consiste à se garder de l'érosion pluviale, fatale pour les pentes !

Autre sujétion, la tonte, car livré à lui-même un espace de gazon redevient prairie. De même pour les Tapis Verts, espaces emblématiques dont l'absence d'entretien conduit à la jungle.

Voici maintenant, ponctuant les allées, agrémentant les bordures et soulignant les terrasses, les chefs-d'œuvre de l'art topiaire, art déjà connu des Romains et consistant à donner à certains arbustes une forme voulue et entretenue par une taille régulière. Les ifs se prêtent très bien à ce travail : ils deviennent cônes, pains de sucre, pyramides, boules, voire plus fantaisiste ! Le jardin à la française, quant à lui, se contente des formes géométriques de base. Leur densité et leur pérennité en font des alliés de choix pour cette opération.

Mélange d'architecture et de végétal, palissades et treillages sont recommandés par les bons auteurs. Les premières atteignaient jusqu'à 20 mètres de haut à Versailles. Peintes en vert, plantées notamment d'épines blanches, elles exigeaient tant de soins qu'elles finirent par disparaître au XVIIIe siècle. Placés dans les parcs à l'orée des futaies – et en ville contre des murs – les treillages auront une vie plus longue. Affichant l'ordre ionique, parés de roses, de chèvrefeuille, de vigne vierge, de lilas..., ils ne se dévoilent qu'en hiver. Les charmilles, quant à elles, relèvent plus de l'art topiaire, mais porté à des dimensions supérieures. Le charme commun, qui leur a donné naissance, peut atteindre 20 mètres de haut ; il possède un bois très dur et supporte fort bien la taille.

Un discret corset de frêne et de fil de fer permet d'étayer l'imagination

Page ci-contre :
Treillage dans le Bosquet de l'Encelade à Versailles.

Ci-dessous :
Bassin de Bacchus. Dessin de l'école française, vers 1700.

Ci-dessus :
Le Grand Canal de Sceaux.

Page ci-contre, en haut :
Taille sévère des arbres de Sceaux constituant de véritables murs de verdure.

Page ci-contre, en bas :
Aveline. *Vue et perspective des cascades et du bassin du Dragon à Versailles.*

de l'artiste en végétaux et de créer de véritables « Appartements Verts », tels ceux qui feront la gloire de Marly. Le coût et la difficulté d'entretien sont cependant très élevés…

Quant aux arbres proprement dits, l'orme est en faveur à l'époque. Avec le châtaignier, il donne les plus belles allées et avenues. On apprécie aussi, pour ces mêmes allées, le tilleul : se taillant bien, il répand en outre, en saison, une odeur suave. Le hêtre est également employé dans les plantations.

À Versailles, Le Nôtre sélectionne en outre l'érable, l'aulne, l'épinevinette… Au cours du siècle, on verra aussi apparaître les sapins et les marronniers.

C'est par milliers que l'on importe, pour les grands parcs, des arbres déjà adultes que l'on transplante de leurs forêts de Normandie ou d'Artois. En cas de défaillance, il a même été prévu des remplaçants au pied levé ! Chantilly possédera au XVIIe siècle une rareté : une allée de platanes.

Les jeunes sujets ont droit à une protection contre les lapins à base de parterres d'épines ; quant aux mulots, amateurs de fruits, aux taupes et aux limaces voraces, il faut également s'en garder. Pas de pesticide au temps du Roi-Soleil, juste quelques astuces et un outil essentiel : la main !

Une autre catégorie de végétaux sert à l'ornement des parcs : les orangers que l'on exhibait quelques mois par an, à la belle saison.

Enfin, le végétal est aussi une

source d'inspiration pour les sculptures. Il faut rappeler, en effet, que dans nombre de bassins et de fontaines, se déploya toute une floraison « peinte au naturel », accompagnant les jets d'eau.
Si certaines pièces trop fragiles ont disparu d'autres ont perduré, éternels sujets copiant les fleurs, les feuilles et les fruits. Y répondaient, dans les « grottes », quelques floraisons de pierre censées reproduire les mousses et autres plantes aquatiques... Mais dans les deux cas, si le souci de l'entretien était minime, la satisfaction qu'apporte le vivant n'était plus à espérer !

L'eau

Le XVIIe siècle voit triompher l'eau dans les jardins à la française. Élément particulièrement souple, se prêtant à de multiples manipulations, l'eau répond à toute une gamme de préoccupations, des plus symboliques aux plus pratiques. Déjà au XVIe siècle, les jardins à l'italienne, étagés de multiples terrasses, s'ornaient de bassins, de jets, de cascades ; la force hydraulique permettait aussi de faire jouer dans quelques grottes un grand nombre d'automates et d'installer quelques « plaisanteries » liquides destinées à surprendre le promeneur. Le jardin à la française n'ignore pas complètement ces fantaisies, mais il se distingue dans le domaine de l'eau par un élément capital : le canal. On dit que c'est celui de la villa d'Hadrien, près de Rome, qui en donna l'idée à Philibert de l'Orme. Toutefois, n'oublions pas que la France est le pays des fleuves et des rivières, dont l'usage était d'une extrême importance tant pour les biens que pour les personnes. Le jardin, se voulant univers en réduction et porte sur le monde extérieur, ne pouvait pas ignorer cela. En outre, le XVIIe siècle marque l'essor de la navigation ultramarine. Tout ceci se greffe sur un vieux fonds mythique présentant les cours d'eau et les étangs comme autant de résurgences de l'Océan primordial : quoi de plus normal que de les reproduire dans un parc ! c'est une sorte de compliment propitiatoire. Car l'eau sort de la terre, et amène les richesses du sous-sol : Neptune est le dieu de la mer, mais aussi « l'ébranleur des profondeurs terrestres »... où se trouvent justement les trésors que gardent les dragons. Il n'est pas étonnant de retrouver à Versailles le dragon crachant de l'eau au beau milieu du plus grand des bassins, celui de Neptune !

Page ci-contre :
Fontaine de Latone représentant Latone et ses deux enfants au sommet et la transformation en grenouilles de paysans de la Boétie aux niveaux inférieurs.

Ci-dessus :
Grande Cascade de Sceaux.

Saint-Cloud

Le promeneur attentif trouvera dans ce parc quelques sujets d'étonnement. Il croisera peut-être par la pensée les personnages célèbres de trois dynasties, les Valois, les Bourbon, et les Bonaparte. Il se peut même qu'il aperçoive le fantôme de M. Le Nôtre, méditant, taillant, et bougonnant.

Il n'y a pas tout à fait 130 ans – c'était le 13 octobre 1870 – un tir d'artillerie malencontreux, parti du Mont-Valérien, mettait le feu au château de Saint-Cloud. Ce qui était encore quelques semaines plus tôt la deuxième résidence officielle du gouvernement, après les Tuileries, disparaissait dans les flammes sous les yeux agacés des Prussiens qui pensaient s'y installer.

Pendant plus de 20 ans, ses ruines, grandioses et tragiques, couronnèrent un parc qu'épargna le lotissement mais pas la circulation ! Si le vandalisme fit raser les vestiges les plus importants. Il en reste pourtant quelques-uns sur place.

Dans les bagages de Catherine de Médicis figuraient un certain nombre d'Italiens. Quelques-uns surent être assez persévérants et chanceux pour faire fortune en France. Issu d'une famille de banquiers, Jérôme de Gondi se vit offrir le domaine de Saint-Cloud. Un bout de forêt, un petit village, un sanctuaire : Jérôme fit édifier un petit château, entouré de jardins à l'italienne. D'ailleurs, le site s'y prêtait fort bien : montueux, presque abrupt, avec la possibilité de multiplier les terrasses, ornées de balustrades et de statues… En contre-bas, le long de la Seine, quelques parterres ornés de bassins.

C'est à Saint-Cloud, en août 1589, qu'Henri III trépassa, après avoir malencontreusement heurté le poignard du moine ligueur Jacques Clément.

Les origines de Saint-Cloud

Saint-Cloud se targue d'être de haute et ancienne origine. On y place usuellement Clodoald, petit fils de Clovis, qui s'était fait abbé et fut enterré non loin de là en 560. Des miracles s'étant produits sur sa tombe, on le canonisa soigneusement : c'est ainsi qu'au VIIe siècle apparut *Sanctus Clodoaldus*, qui, francisé, devint Saint-Cloud.

Page précédente à gauche : Une des statues qui orne le jardin de Saint-Cloud.

Page précédente à droite : Eugène Atget. Parc de Saint-Cloud, 1924.

Étienne Allegrain. *Vue cavalière du château, jardins bas et de la ville de Saint-Cloud*, XVIIe siècle. Châteaux de Versailles et de Trianon.

En 1604, Jérôme de Gondi meurt à son tour. Saint-Cloud passe aux mains du comte de Sancerre, qui décède à son tour en 1625, et dont les héritiers revendent le domaine… aux Gondi. Plus précisément à Jean-François de Gondi, premier archevêque de Paris.

Saint-Cloud est alors érigé en duché-pairie ecclésiastique. Les armoiries de la ville arborent encore fièrement, en mi-parti, la crosse archiépiscopale et les lys de France…

Aveline. *Vue et perspective du château et de la cascade de Saint-Cloud,* fin du XVIIe siècle.

En mars 1654, l'archevêque frondeur rend son âme à Dieu. Son domaine échoit à un financier lié à Mazarin, M. d'Hervart. Celui-ci est effaré par l'état des lieux ! On rénove, on reconstruit, on agrandit, on embellit. Quand tout est terminé, Mazarin évoque par hasard devant Hervart le contraste entre cette si belle demeure et les inconvénients de la Bastille. Cette discussion tout à fait amicale se déroule très peu de temps après une fête particulièrement somptueuse donnée à Saint-Cloud pour la famille royale par d'Hervart le 6 octobre 1658.

Celui-ci s'empresse de revendre Saint-Cloud, à bas prix, à Philippe, le frère de Louis XIV.

Page ci-contre : La cascade de Saint-Cloud remplace la cascade des Gondi qui descendait de la fameuse grotte du Parnasse.

Ci-dessous : *Projet de cascade,* non réalisé, à Saint-Cloud.

Le 1er août 1661, Monsieur épouse sa cousine Henriette d'Angleterre. On dira sans fausse pudeur que Madame est l'une des rares femmes à rentrer au château à cette époque. Onze ans plus tard, en second mariage, il épouse Elizabeth Charlotte de Bavière, fille de l'Électeur Palatin. Madame déteste le Palais-Royal, où elle est censée habiter, parce que Paris est sale, étriqué et dangereux. En revanche, elle adore Saint-Cloud.

Dès le mois de mai 1667, Louis XIV était venu à Saint-Cloud admirer la cascade entièrement refaite par Le Pautre. Abondamment garnie de jets, de mascarons et de chandeliers, la merveille avait excité l'admiration de tous.

Mais ce n'était qu'un hors-d'œuvre. Dès 1665, Monsieur avait demandé à Le Nôtre de réfléchir à une nouvelle conception d'ensemble pour le parc de Saint-Cloud. Celui-ci tirera le meilleur parti possible d'un terrain « escarpé, malaisé, montueux ».

Deux grands axes naissent de ses cogitations : un premier, parallèle à la Seine – donc nord-sud –, monte vers le ciel et mène à l'allée de la Balustrade, qui débouche elle-même sur une terrasse d'où la vue porte sur tout Paris.

Perpendiculaire et axée sur le pavillon central du château fortement transformé, une magistrale perspective fait galoper l'imagination vers l'ouest et la forêt. Mais avant de parvenir jusque-là, il faut franchir le Parterre de l'Orangerie (celle-là même qui verra un jour le coup d'état de Bonaparte et sera détruite par Napoléon III), la Petite Gerbe, le Tapis Vert, et enfin la Grande Gerbe. Au-delà des 500 mètres que l'on de franchir, la vue se prolonge encore sur 1 900 mètres...

Côté sud, parallèlement à cette grande percée, l'Allée des Goulottes est un ruisseau canalisé ponctué de cascatelles qui aboutit aux pieds mêmes de la façade sud du château. Il en existe ailleurs, en Italie surtout, d'autres exemples.

Les embellissements de Saint-Cloud se poursuivent après 1670.

Louis XIV contribue au financement de ces embellissements. Cascades, nouveaux canaux, orangerie, fontaines… Le Nôtre constate avec bonheur à quel point ses dessins « collent » merveilleusement à un terrain aussi difficile…

Les années passent. En 1701, Monsieur meurt subitement après une discussion des plus animées avec le roi. Madame se retrouve donc seule propriétaire et seule maîtresse de Saint-Cloud. Elle n'y change rien ; son fils, le Régent, veille à l'entretien des lieux.

Madame meurt à Paris le 8 décembre 1722.

Saint-Cloud poursuivit son destin, dont l'apogée se situe entre 1800 et 1870, au moins du point de vue politique. À la fin de l'Ancien-Régime, Marie-Antoinette marquera bâtiments et jardins d'une forte empreinte.

On ne retracera pas ici les nombreuses transformations – et surtout destructions – dont Saint-Cloud a été l'objet.

Dans ses grandes lignes, et malgré les aléas des deux cents dernières années, le parc de Saint-Cloud est resté fidèle au dessein de Le Nôtre et de ses commanditaires. Perspectives, bassins, fontaines… tout est encore là pour l'essentiel. Et tout se prête à la méditation…

La Grande Cascade d'Antoine Le Pautre inaugurée par Louis XIV en 1665.

Vue en perspective d'une grotte vers l'allée du grand jet d'eau, 1640.

La cascade de Saint-Cloud est l'une des plus étonnantes de toutes celles créées au XVIIe siècle. Fait surprenant, celle-ci a survécu jusqu'à nos jours ! Singulière à beaucoup d'égards, elle mérite une attention particulière.

Elle naît d'un esprit ingénieux qui a su tirer profit des irrégularités d'un terrain difficile.

Le jardin à l'italienne s'adosse volontiers à une colline, un monticule, un escarpement. Cela lui permet de déployer, devant l'œil ébloui, une succession de terrasses, garnies de statues, de balustrades, de grotesques, de rocailles variées, ainsi que de cascades d'eau bondissante.

Comme il a déjà été indiqué précédemment, Saint-Cloud était devenu au XVIe siècle la propriété d'une grande famille italienne, celle des Gondi. Aussi voit-on, dès le XVIe siècle, Saint-Cloud s'orner d'une cascade tourbillonnante à souhait et s'offrant à la vue vers la Seine. Elle n'est pas sans rappeler celle des jardins de la Villa d'Este, à Tivoli.

Devenu maître des lieux, Monsieur se préoccupe de leur donner un aspect conforme à son rang et à ses goûts. Remodelée, la cascade s'étage désormais sur neuf niveaux.

Elle a survécu depuis sans grands changements et a – à la différence de celles de Versailles – toujours bénéficié d'une eau abondante. À la belle saison, elle nous offre encore régulièrement son magnifique et généreux spectacle.

Les bosquets

Le Nôtre dit au roi : « Sire, vous avez fait d'un maçon un jardinier, il vous a fait un plat de son métier. »

Le mot « bosquet » provient de l'italien *boschetto*, « petit bois », et désigne une sorte de forêt en miniature, maîtrisée et délimitée par des allées. Cette disposition est censée préparer le promeneur au contact éventuel de la futaie « sauvage » s'étendant, en général, aux alentours du parc. On serait tenté de voir également dans le bosquet un descendant du *bosco sacro* italien, tout droit venu d'une Renaissance inspirée par l'Antiquité. Le « bois sacré » est le domaine de l'enchantement, mi-plaisant, mi-horrible, où le héros passe par différentes épreuves qui sont autant d'étapes d'un parcours initiatique.

Sous son ordre et sa rigueur apparente, le jardin classique aime décidément jouer avec le fantastique... même si les surprises qu'offrent les bosquets épars donnent plus de raisons de s'émerveiller que de fuir. Par leur dessin, leur achitecture, leurs sculptures, leurs jeux d'eau, les bosquets apportent également une nécessaire fantaisie dans le cadre orthonormé qui les contient. Disposés sans symétrie, ils se laissent découvrir au hasard de la promenade épargnant ainsi au visiteur toute monotonie du parcours. On ne saurait l'affirmer tout à fait, mais il semble que les bosquets du château disparu de Saint-Germain-le-

Bosquet des Rocailles, orné de la seule véritable cascade de Versailles. Il sera inauguré en 1685 par le Dauphin.

Page ci-contre : Étienne Allegrain. *Vue du bosquet de la salle des festins (ou salle du conseil) dans les jardins de Versailles,* Château de Versailles et Trianon.

Neuf, conçus vers 1600 par un maître influencé par l'Italie, aient été les premiers en France. Ils encadraient symétriquement un jardin de broderies situé en contrebas de l'édifice, et étaient désignés comme tels sur les plans.
On parle aussi des bosquets des Tuileries, mais dans ces carrés d'inspiration très médiévale, il est difficile de voir les ancêtres des créations du XVIIe siècle – même s'ils étaient parfois pourvus d'attractions insolites.
Proposés dans les préceptes des grands théoriciens que furent Claude Mollet et Boyceau de la Baraudière, les bosquets font partie intégrante des programmes des nouveaux jardins établis vers 1650. Il est malheureusement très difficile de déterminer avec précision leur nombre et leur aspect, car la plupart de ces créations ont totalement disparu. Trop difficiles à entretenir... démodés... remodelés au mépris de leur justification d'origine... ou tout simplement victimes du vandalisme, il n'en existe aucune trace même sous forme de plans. On en est réduit à contempler des tableaux, des gravures, et à imaginer leur apparence à la lecture de textes plus porteurs d'émotion que de géométrie.
Les bosquets, comme les salons du château, sont « à thème ». Si dans la bâtisse ceux-ci sont généralement traités par les seuls effets des peintures, des revêtements et de quelques statues peu encombrantes, la liberté du plein air autorise dans la verdure une bien plus grande liberté d'expression. On peut jouer avec l'eau, le ciel, et le végétal ! Le parc de Versailles est le plus grand ensemble d'aménagements de ce type à avoir survécu. On peut certes y déplorer nombre de disparitions, parfois

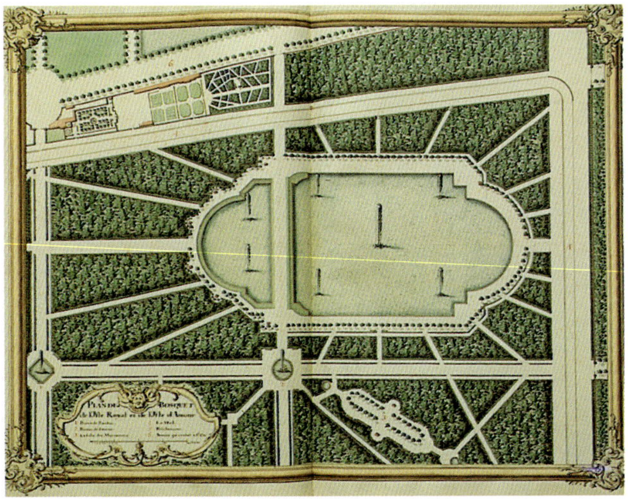

successives : ainsi le Bosquet du Berceau d'Eau, où l'on se promenait rafraîchi par des jets d'eaux entrecroisés, disparut-il dès 1677 pour faire place au Bosquet des Trois-Fontaines. Celles-ci, par un effet de tuyaux d'orgue, imitaient tantôt l'ouragan, tantôt un coup la mitraille… Disparu également, le Bosquet de l'Arc de Triomphe, tout de fer doré, orné d'obélisques de bronze ainsi que le Bosquet du Marais, avec son arbre de bronze, crachant de l'eau par toutes ses feuilles, et ses tables de collation garnies au centre d'un fin jet d'eau… Du Bosquet de l'Île Royale ne subsiste plus, depuis 1817, qu'un emplacement appelé le Jardin du Roi. Mais la Salle de Bal, ou Bosquet des Rocailles, est toujours là. On n'y vient plus danser, mais l'eau, aux grandes heures, dévale toujours en cascatelles les huit gradins circulaires faits de coquillages de Madagascar. Vases, torchères, et petites terrasses de gazon complètent le décor. L'ensemble est dû à Le Nôtre. Celui-ci ne manqua pas de se montrer ironique vis-à-vis de Jules Hardouin-Mansart : ce dernier ayant édifié le somptueux Bosquet de la Colonnade, tout de marbre violet, bleu, blond, et rose, Le Nôtre dit au roi : « Sire, vous avez fait d'un maçon un jardinier, il vous a fait un plat de son métier. » Elle est pourtant bien jolie, cette Colonnade, avec ses 32 mètres de diamètre, ponctués de 32 piliers et de 32 urnes, abritant de jolies vasques d'où jaillissent

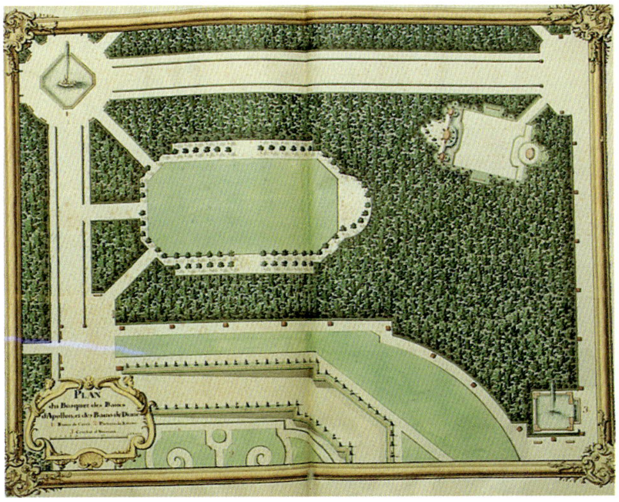

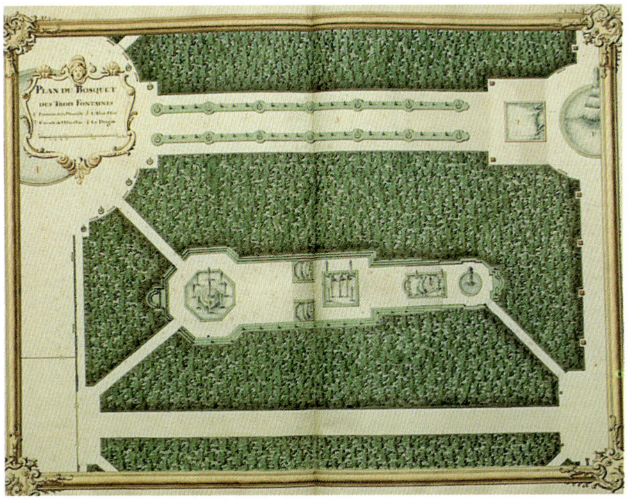

de fins jets d'eau... Du Bosquet des Dômes, lui-même disparu, et qui remplaça un Bosquet de la Renommée – une Renommée trompettante à souhait et arrosant tout le voisinage – il ne reste qu'une fraction. Une fraction d'autant plus intéressante qu'elle n'a retrouvé qu'au XXe siècle une partie de sa décoration d'origine.

Tout proche, inchangé, le Bosquet de l'Encelade avertit l'imprudent du danger qu'il y a à affronter l'Olympe. Louis XIV trouvera l'allusion suffisamment parlante pour ne conseiller au visiteur qu'un bref coup d'œil. La bouche hurlante du Titan foudroyé est assez significative...

Autre survivant de l'époque de Mansart, le Bosquet de l'Obélisque offre à la vue un bassin surélevé, entouré d'un emmarchement de pierre et d'un glacis de gazon. Quand les grandes eaux rugissent, elles dessinent comme une sorte d'obélisque liquide... Le Bosquet des Bains d'Apollon ne date que de Louis XVI. Avec ses frondaisons à la Hubert Robert, il se montre très éloigné des conceptions de Louis XIV.

Enfin, la disparition du Bosquet de Louveciennes à Marly est regrettable. Immense, il comprenait une cascade Champêtre dont les seuls émules se trouvent de nos jours en Russie et en Allemagne.

Page ci-contre, de gauche à droite et de haut en bas : Jacques Dubois. *Plan du Bosquet de l'Obélisque. Plan du bosquet de l'Île Royale et de l'Île d'Amour. Plan du Bosquet des bains d'Apollon et des bains de Diane. Plan du Bosquet des Trois Fontaines,* in : *Recueil des plans et distributions du chasteau et jardins de Versailles,* 1732.

Ci-dessous : Israël Silvestre. *Bosquet de la Renommée,* fin du XVIIe siècle, Musée du Louvre.

Les Fêtes

Concerts de musique, dans le jardin de Trianon.

Page ci-contre :
Feux d'artifice au-dessus des Marmousets de l'Allée d'Eau à Versailles.

Prolongement du château, qu'il agrandit et magnifie aux beaux jours, le jardin classique se révèle le cadre idéal pour les fêtes telles que les concevait un XVIIe siècle épris de symbolisme autant que de magnificence.

Il y a dans presque tous les actes de cette époque une aspiration à l'insaisissable qui passe par l'accomplissement de rituels variés dont la fête est un des éléments essentiels.

Chez les grands, les riches, les puissants, ceux qui sont liés à la Couronne, cela se traduit par des cérémonies destinées autant à démontrer l'étendue de leur pouvoir que leur capacité à en faire profiter, même fugacement, leurs commensaux.

La plus célèbre fête jamais donnée par un particulier fut celle donnée par Fouquet à Vaux le 17 août 1661. On en connaît les détails et les aboutissements. Ce que l'on sait moins, c'est qu'elle avait eu un précédent.

Le 6 octobre 1658, M. d'Hervart donne à Saint-Cloud, fraîchement rénové et embelli, une fête superbe en l'honneur de la famille royale. Le spectacle est tellement éblouissant que Mazarin conseille au propriétaire de consentir à une donation, ou à tout le moins à une vente à un bon prix, qui éviterait au maître des lieux quelques ennuis graves, agrémentés d'un séjour à la Bastille. Trois ans plus tard, Fouquet, dont le seul crime sera d'avoir manqué de considération pour la personne royale, offre à Sa Majesté et à toute sa cour la plus somptueuse fête dont on ait jamais pu rêver : illuminations, buffets, feux d'artifice, promenades, cadeaux, théâtre et musique, rien n'est épargné dans le déploiement et l'étalage de fastes auxquels les jardins servent de cadre idéal et unique. Le roi donnera à Fouquet les marques d'une vengeance unique, à défaut d'être idéale.

Louis XIV organise à son tour des fêtes dont l'éclat surpasse celui de toutes celles qu'aucun souverain donnera jamais. Versailles est le cadre de ses magnificences.

Une première grande fête y est donnée du 7 au 14 mai 1664 : il n'y est question que de spectacles, de soupers aux flambeaux, et de comédies – dont la première version du *Tartuffe* de Molière.

Tous les contemporains, même ceux qui n'en ont eu que des échos, la déclareront « inoubliable ».

Le « Grand Divertissement Royal » de 1668 est donné le 18 juillet sous le prétexte de la prise de Maastricht, ville d'importance fort moyenne qui n'acquiert un peu de célébrité qu'à la fin du siècle. Ce prétexte fort mince sert à camoufler un hommage à Mme de Montespan, étoile montante au firmament royal. On sert à cette occasion, au Bosquet de l'Étoile, une incroyable collation où abondent les viandes et les fruits rares : ah ! ces châteaux de massepains et d'oranges sertis de fruits confits ! le tout accompagné du *Georges Dandin* de Molière et des *Fêtes de l'Amour et de Bacchus* de Lulli. Tout se termine par un feu d'artifice phénoménal. Une fête vraiment réussie, donc !

En 1674 a lieu, toujours à Versailles, le « Grand Divertissement » en l'honneur de la conquête définitive de la Franche-Comté. Il y aura une

Le Pautre. *Collation donnée dans le petit parc de Versailles,* 1678.

grande collation au Théâtre d'Eau, orné de vingt-quatre grands miroirs séparés par des orangers, surplombant pommiers, abricotiers, et pêchers entourés de vasques portant fleurs et lauriers-roses. La future marquise de Maintenon se sentira quelque peu concernée par ce déploiement de fastes…

Il n'y aura plus d'autres grandes fêtes à Versailles. La dernière voit représenter *Alceste* de Lulli. Belle apothéose.

En juillet 1677, Colbert offre à son roi, chez lui à Sceaux, un grand divertissement dont *Phèdre* de Racine est le point culminant. Son fils, le marquis de Seignelay, fera mieux encore en accueillant le 16 juillet 1685 le Roi-Soleil pour une fête grandiose comportant visite des jardins, promenade en gondole sur le Grand Canal – comme à Versailles – aubade donnée par des musiciens invisibles, feux d'artifice, et souper en musique autour des bassins de l'Orangerie toute neuve. Le roi fut content, et le dit.

Après cette date mémorable, le ménologe des fêtes données dans les grands jardins semble marquer une pause. Sceaux, vingt ans plus tard, servira de cadre aux fameuses *Nuits* de la duchesse du Maine, prônant les mérites de l'obscurité en opposition aux prestiges du Soleil officiel…

Et si jusqu'à la Révolution les parcs royaux ou princiers servent de cadre à des fêtes souvent extraordinaires, aucune n'a laissé de souvenir équivalent à celles données dans les beaux jardins du XVIIe siècle.

Sans doute parce que l'esprit, à défaut du cœur, n'en faisait plus partie…

Le Pautre. *Illuminations du palais et jardins de Versailles*, 1679.

Plan du bosquet de l'Étoile, in : *Recueil des Plans et distributions du château et jardins de Versailles*, 1732.

Ci-dessous :
Anonyme. *Silène avec Bacchus enfant,* copie d'antique.

Page ci-contre :
Mail bordé de marroniers et de tilleuls, en bordure sud de la Plaine des Quatre Statues.

Sceaux

Que penserait Louis XI, venu déjeuner à Sceaux en 1470 dans ce qui n'était alors qu'un modeste manoir entouré de forêts, en voyant le parc splendide et ordonné que nous parcourons de nos jours ?

Il y eut dans le domaine, à partir de 1600, un château appartenant à l'une des deux seules familles de la bourgeoisie parisienne ayant accédé au rang ducal : les Potier. En 1624, l'un d'eux, le duc de Tresmes, fait ériger la terre de Sceaux en baronnie. Il y vivra en compagnie de sa maîtresse Françoise Scarron – la sœur du poète.

Colbert désirait une maison à la campagne, pas trop loin de Paris. Et pas trop loin de Versailles non plus, car, malgré tous ses efforts, il n'avait su empêcher le roi d'y faire les travaux que l'on sait.

À une heure de carrosse de la cour de marbre, Sceaux était idéal.

Ayant de la mémoire et de la prudence, Colbert évitera soigneusement les erreurs de Fouquet. Imitant Louis XIV, qui a gardé le castel de son père, il conserve la demeure qu'il a achetée aux héritiers du duc de Tresmes (pour 135 000 livres), et l'agrandit en l'enveloppant de deux ailes. De nouveaux pavillons d'entrée portent les animaux de ses armoiries : le dogue, pour la fidélité, et la licorne, pour la pureté. On se souviendra que cette licorne est un animal mythique… Au nord du château naîtra bientôt le charmant

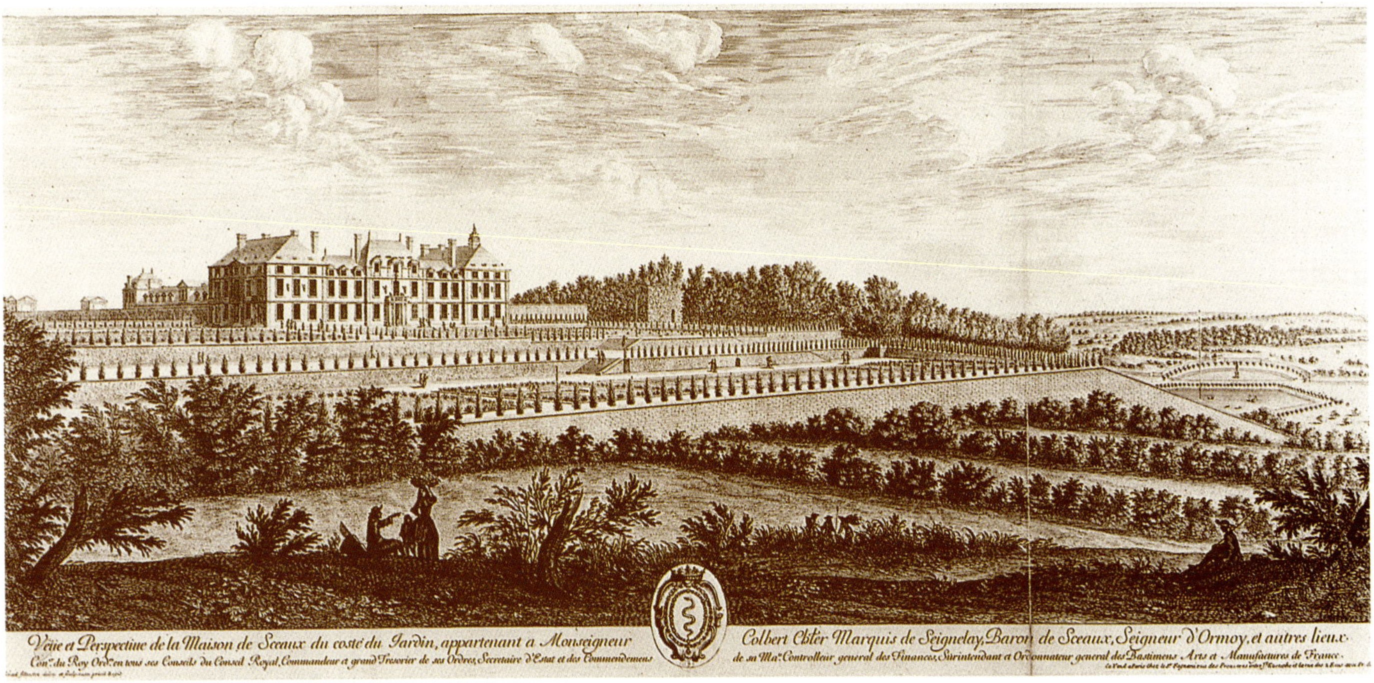

Vue et perspectives de la maison de Sceaux du côté du jardin appartenant à Monseigneur Colbert.

Ci-dessous : Détail d'un fronton de l'Orangerie.

pavillon de l'Aurore. L'aurore annonce le soleil, voilà qui est facile à traduire. On cite, sans en avoir beaucoup de preuves, Claude Perrault comme en étant l'architecte.

Le style adopté était des plus simples et le château, comme son propriétaire, affichait un profil bas. Dans la discrétion, Colbert agrandissait le domaine par des achats aux alentours.

Dès 1673, peut-être même 1672, Le Nôtre est prié par son supérieur direct de concocter pour Sceaux l'un de ces plans merveilleux dont il a le secret. Il y a fort à faire : le terrain – grand à l'époque comme le quart du parc actuel – est d'un relief « impossible ». On trouve, au bas d'une pente très raide, au sud du château, un vaste étang croupi : la mare Morte.

Après avoir bien considéré les lieux, Le Nôtre se décide à établir deux axes ayant la demeure comme point d'intersection. L'axe est-ouest serait représenté, de nos jours, par la plaine des Quatre-Statues, qui part de la façade occidentale du château, et qui prolonge de façon idéale la belle avenue qui monte vers lui depuis la route principale. Plus mince, mais plus spectaculaire, l'axe nord-sud dévale vers ce qui était la mare Morte, devenue par les soins de Le Nôtre le superbe bassin de l'Octogone, que l'on rejoint par un escalier d'eau des plus impressionnants.

Dès 1676, Mlle de Saint-André prend sa plume pour vanter les charmes du domaine rénové :

« Le palais de Sceaux
Efface la beauté des objets les plus beaux
Soit par son bâtiment, soit par son avenue,
Et ses rares jardins qui captivent la veüe,
Ces sombres cabinets artistement plantés,
Ces charmants boullingrains par Le Nautre inventez,
Ces délicats berceaux dont la voûte azurée
Au doux père du jour ferme en tous temps l'entrée,
Ces arbres bien taillez, toujours beaux, toujours verts,
Qui ne sentent jamais la rigueur des hivers ;
Et ces courantes eaux qui malgré la Nature
Abandonnent leur source et, faisant leur prison,
Par cent jets de cristal et par un doux murmure
Achève d'embellir cette rare maison. »

L'orangerie de Sceaux sous la neige vue du pignon ouest.

Dézallier dira plus tard que c'était sûrement là, eu égard à la difficulté de l'endroit, une des plus belles réussites de Le Nôtre.

Bien entendu, Sceaux comporte aussi une orangerie. Économe tel Harpagon, Colbert n'a pas voulu édifier un de ces somptueux bâtiments ostentatoires et très à la mode. Il loge donc son orangerie dans une aile du château. Il était tout de même possible d'y abriter deux cent soixante-dix orangers, quelques grenadiers, des myrtes, de nombreux jasmins et lauriers... Le tout dépassait les 2 200 livres.

Cette même orangerie servait de galerie de tableaux et, accessoirement, de salle des fêtes. C'est là qu'un jour de juillet 1677, le roi, venu en visiteur, put applaudir dans l'après-midi le prologue de l'opéra *Hermione,* et le soir, après un souper suivi d'un feu d'artifice, *Phèdre* de Racine. Sa Majesté déclara « ne s'être jamais plus agréablement divertie ».

Quelques mois plus tard, c'est l'Académie Française au grand complet qui viendra faire une visite. On ne pense pas qu'elle ait eu droit à un tel déploiement de fastes !

Colbert meurt le 6 septembre 1683 et laisse Sceaux à son fils, le brillantissime marquis de Seignelay, ministre de la Marine.

Ayant trouvé dans son héritage un véritable pactole mais n'ayant pas, comme son père, le sens de la ladrerie, Seignelay s'empresse de procéder à de grands travaux. On lui doit, notamment, le Grand Canal et l'Orangerie actuelle. Si le nom de Le Nôtre ne figure pas parmi les artisans de ces transformations – c'est à François Leclerc que l'on doit les nouveaux jardins – on peut néanmoins être sûr qu'il a donné son avis. Son œuvre a d'ailleurs été parfaitement respectée.

Coyesevox. *La Licorne transperçant le Dragon,* 1675.

Page ci-contre : Eugène Atget. Parc de Sceaux, 1925.

Seignelay meurt subitement à l'âge de 39 ans, le 3 novembre 1690. « Il semble que la splendeur soit éteinte », écrira Mme de Sévigné...

Sans doute pensait-elle à l'inoubliable fête du 16 juillet 1685. Ce soir-là, et jusqu'à la nuit, le roi et sa cour furent régalés par la plus charmante suite de divertissements que l'on ait pu concevoir : visite des jardins en chaise à porteur, escapade sur le Grand Canal dans des gondoles illuminées, musiques venues d'orchestres invisibles, spectacle à l'Orangerie, grand dîner près d'un bassin...

La Révolution est passée par Sceaux. On peut même dire qu'elle a insisté lourdement ! En 1801, il ne restait du domaine que des ruines, un terrain complètement dévasté, et des eaux stagnantes et nauséabondes. Vers 1850, le duc de Trévise se charge d'entreprendre un premier sauvetage. Du temps de Colbert et

Ci-dessus :
Allée en berceau.

Page ci-contre, en haut :
Plaine des Quatre Statues.

Page ci-contre, en bas :
L'Orangerie vue
du pignon ouest.

de son fils ne restaient qu'un tronçon de l'Orangerie, le Pavillon de l'Aurore, les guérites d'entrée, le tout perdu dans une véritable jungle. Trévise fait reconstruire le château, dans le style néo-Louis XIII fort à la mode sous Napoléon III. Il est plus élevé, mais aussi plus petit que le château précédent. Le parc est reconstitué dans ses grandes lignes. Cependant, pour des raisons financières, le domaine périclite de nouveau à la fin du XIXe siècle. Presque abandonné vers 1914, il aurait inspiré, dit-on, à Alain Fournier alors élève au tout proche lycée Lakanal, les paysages fantastiques du *Grand Meaulnes.*

Il est question de tout lotir, quand en 1923 le Conseil Général de la Seine rachète le tout à leur dernier propriétaire. Pour payer les énormes travaux de restauration, il fallut lotir quelques parcelles. Il resta néanmoins 200 hectares sur les 250 initiaux ! Peu avant la seconde guerre mondiale, Sceaux avait retrouvé une nouvelle jeunesse. On avait, notamment, recréé le magnifique escalier d'eau descendant vers l'Octogone. Pas à l'identique, c'eut été trop difficile, mais en s'inspirant des dessins originaux et en utilisant, pour la décoration, des sculptures de Rodin.

Il fallut refaire quelques travaux après 1945, mais Sceaux n'a fait depuis que s'embellir. Perspectives, ifs taillés, parterres de broderies... Le Nôtre s'y retrouverait ! Sans doute apprécierait-il, comme nous le faisons aux beaux jours d'été, le spectacle majestueux de sa cascade rénovée, auréolée des arcs-en-ciel de ses multiples jets !

De l'époque de Colbert subsiste encore dans le parc de Sceaux, outre l'Orangerie, le joli Pavillon de l'Aurore. Situé un peu au nord du château, on y accède en traversant des parterres aux plates-bandes compartimentées de buis. Il date de 1677. Soigneusement restauré, il offre au regard sa belle petite coupole d'ardoise, décorée à l'intérieur d'une fresque de Le Brun.

On peut apercevoir vers la façade occidentale du château qui domine la Plaine des Quatre Statues, l'Allée de la Duchesse. Elle mène aux cascades et son entrée est ornée des statues de la Terre et de l'Eau. Ces rares vestiges de la statuaire originelle du parc connurent quelques tribulations avant de regagner leur place en 1950.

À droite de cette allée, une discrète ouverture se dessine de biais, secrète et menue entre les grands arbres. Appelée l'allée de Montléry, elle serait due à Louis XIV qui l'aurait fait tracer après avoir constaté qu'on pourrait ainsi contempler, pointant à l'horizon, la vieille et célèbre Tour de Montlhéry.

Ci-dessus :
Vue de la cascade de Sceaux.

Ci-contre :
Vue du château de Sceaux et du petit parterre qui conduit à l'Orangerie.

Page ci-contre :
Alignement en port libre dans l'allée parallèle sud à la Plaine des Quatre Statues.

Les orangeries

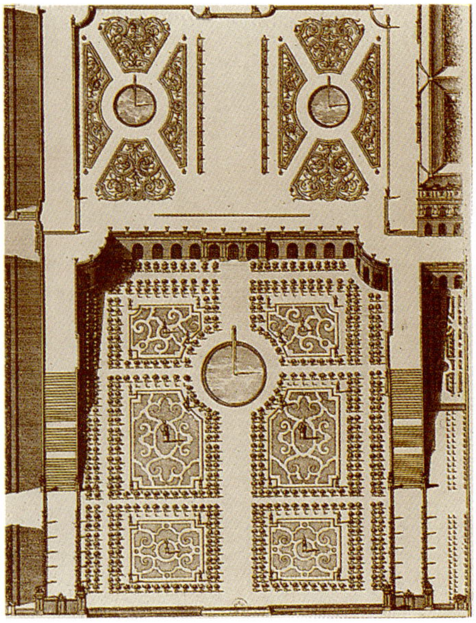

C'est à Amboise que l'on place traditionnellement la première orangerie bâtie en France. On la doit à la passion qu'éprouva Charles VIII pour les merveilles de l'Italie, où il était allé guerroyer en 1495. Parmi les nombreux souvenirs de voyage qu'il ramena avec lui figuraient des orangers. Or, si les agrumes poussent naturellement en pleine terre sur le pourtour de la Méditerranée, il n'en va pas de même dans les contrées plus nordiques et donc soumises au gel hivernal.

Afin de garder vivants ces précieux trésors végétaux, il était nécessaire de leur prévoir une retraite au moment des frimas. Plusieurs procédés ont été quelque temps en concurrence. On pouvait transporter les arbustes fragiles, placés dans des récipients ad hoc – tonneaux, vases de terre cuite... – dans des celliers ou dans des caves. Mais, outre un maniement difficile, on s'exposait à priver trop longtemps de lumière les orangers. On pratiquait aussi une technique utilisée dès le IIe siècle en Italie et en Grèce

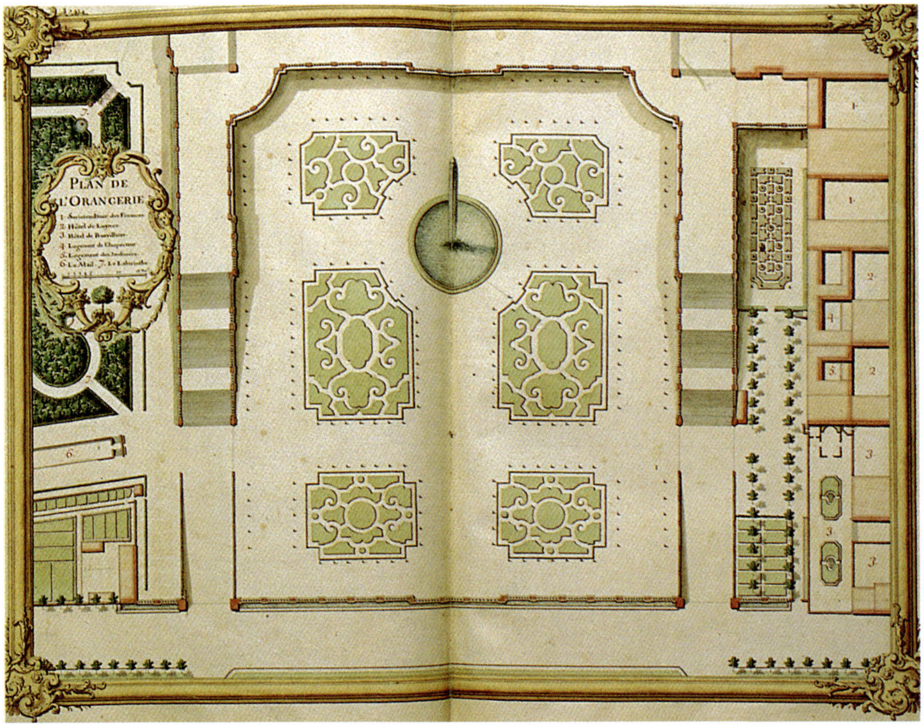

Ci-dessus :
Plan de l'Orangerie de Versailles.

Ci-contre :
Jacques Dubois. *Plan de l'Orangerie*, in : *Recueil des Plans et distributions du château et jardins de Versailles*, 1732.

Le parterre de l'Orangerie et les Cent Marches à Versailles.

pour cultiver des citronniers : les arbres, plantés en pleine terre, étaient placés sous des portiques exposés au sud et eux-mêmes adossés à des murailles. Ouverts pendant la belle saison, ces portiques étaient protégés des froidures par des bâtis démontables. Ce procédé était encore vanté en 1600 par Olivier de Serres.

L'une des orangeries construites à Blois au début du XVIe siècle par Louis XII était d'un type similaire. Située à l'étage d'un petit bâtiment, elle comportait une galerie de charpente largement ouverte au midi. En revanche, l'autre était d'un style qui sera par la suite plus couramment adopté : elle occupait l'aile sud d'une construction située au sud-est du Jardin Haut. La mode de l'orangerie se répandit. Elle était synonyme de luxe et de faste ! Même si les produits obtenus n'étaient guère comestibles, l'aspect décoratif et le parfum de ces plantations suffisaient à émerveiller les contemporains.

Au XVIIe siècle, l'art de l'orangerie atteignit sa perfection. Le traité de Jean de La Quintinie, l'autre jardinier de Louis XIV, est resté la référence. C'est tout dire ! L'idée maîtresse ? Assurer la survie de l'oranger. De quoi celui-ci a-t-il besoin ? D'une terre riche, de beaucoup de lumière, d'arrosages d'autant plus abondants qu'il fait chaud, et de l'air si la température extérieure le permet. Ce n'est que par l'artifice que l'on peut réunir tout cela sous nos climats. N'oublions

L'Orangerie de Sceaux, côté sud, présente une façade animée par de puissantes lignes de refends.

pas, en outre, que cette époque correspond au fameux « Petit Âge Glaciaire », où les hivers furent particulièrement rudes !
Pas question d'improviser une orangerie à base de vieilles remises ou d'écuries désaffectées. Pour l'implantation du bâtiment, il importe en premier de choisir l'exposition : au sud c'est idéal. À l'est, c'est moins bien, à l'ouest, c'est vraiment en désespoir de cause. Et au nord, c'est idiot. La construction doit être des plus solides, avec des murs d'un bon mètre d'épaisseur. On adosse le tout à un bâtiment, un bois, des rochers. Le mieux, c'est encore « l'enterrement » : ainsi sont bâties l'Orangerie de Versailles et celle de Meudon. Des jardins en terrasse, à condition d'être bien exposés, font aussi l'affaire pour procéder à ce type d'installation. Si la longueur peut varier – Versailles atteint 156 mètres alors que Sceaux en dépasse 100 ! – il est recommandé que largeur et hauteur soient égales : de 8 à 10 mètres. Plus, si l'on a paré à toute infiltration d'eau. Le plus important, c'est que les rayons du soleil puissent atteindre le fond. De toute façon, c'est en arrière-plan que l'on installe les « caducs », lauriers et grenadiers, qui accompagnent usuellement les orangers dans leur demeure. La façade exposée aux rayons lumineux sera percée de grandes baies très larges : deux mètres. On les ouvrira chaque fois que cela sera possible sans danger pour les arbres. Les issues devront aussi être assez hautes pour que les plus grands sujets puissent passer

sans être décoiffés ! Bien entendu, toutes les ouvertures doivent être « blindées » contre le froid, dont l'agression peut revêtir de multiples visages. Des volets extérieurs, des vitres épaisses, et des châssis intérieurs faits de deux feuilles de papier huilé, voilà les précautions de base. Il faut également prévoir du fumier pour calfeutrer portes et fenêtres en cas de grand froid ! Si l'orangerie n'est pas enterrée, elle devra être dotée d'un plafond épais. Dans tous les cas de figure, un bon plancher bien sec surélevé est préférable à tout autre type de revêtement.

Il est nécessaire également de faire installer un chauffage. À ce sujet, les opinions divergent : plus on va vers le nord et l'est de l'Europe, plus les poêles gagnent du terrain. En France, avant le XVIIIe siècle, on reste résolument « feu ouvert ». À Versailles, La Quintinie fait allumer tout au long de l'Orangerie des rangées de flambeaux et de lampes, censés fournir une chaleur douce et constante...

Quand aux pensionnaires ainsi choyés, ils sont logés dans des caisses cubiques démontables au fond percé. Ces caisses, faites de chêne, seront peintes – à la fois pour l'esthétique et contre l'humidité. Rien n'interdit d'y ajouter des roues, pour faire prendre l'air aux arbres chers. Pour les sujets de très grande taille, il existe des chariots conçus pour supporter trois tonnes ! Pour les orangers nains, quoi de plus élégant que ces cache-pot d'argent massif, qui peuplaient la Galerie des Glaces !

L'Orangerie de Sceaux, côté est, composée d'un long vaisseau encadré de deux pavillons quadrangulaires.

Table des matières

Nous tenons à remercier particulièrement Monsieur Pierre Wittmer pour ses précieux conseils.

Crédits photographiques :

Bibliothèque Nationale de France — pages 11, 12, 14 haut, 19, 20, 25, 27, 30, 35, 41 haut, 47, 49 bas, 52 bas, 57, 58, 61, 69, 70, 71 haut, 74 haut, 75, 81, 82 haut.

Jean-Christophe Doerr — pages 13, 14 bas, 15, 16, 17.

Jacques de Givry — pages 6, 7, 8, 9, 18, 21, 22, 26, 28, 29, 31, 36, 37, 38, 39, 40, 41 bas, 42, 43, 44, 46, 48, 49 haut, 50, 51, 52 haut, 53, 59, 60, 62, 64, 68, 71 bas, 72, 73, 74 bas, 75, 76, 78, 79, 80, 82 bas, 83, 84, 85.

Réunion des Musées Nationaux — pages 5/Gérard Blot, 10/J.G. Berizzi, 23, 33/Arnaudet, 45, 56/Gérard Blot, 63, 65/Jean-Gilles Berizz, 67/Michèle Bellot.

Vidéogravure : Édilog, Paris.

Achevé d'imprimer en mai 2000
sur les presses de l'imprimerie
Grafedit – Azzano San Paolo (Italie)
Dépôt légal 2e trimestre 2000